AF366035

Del
"Todo Gratis"
a la
"Economía de Puchero"

Claudio García Martorell

ISBN papel: 978-84-686-3388-6

ISBN ebook: 978-84-6863389-3

Editor Bubok Publishing S.L.

Impreso en España / Printed in Spain

Dedicado a mi familia,

modelo para mi comportamiento,
base de mi formación,
inspiración para mis proyectos
e inquietud para seguir progresando,
cada día. Todos los días.

Índice

Prólogo

(por Jose Tortosa)

"Un amigo merece cualquier riesgo de nuestra parte"
(Edward Young)

Cuando conocí a Claudio en un Eats&Tweets, en Valencia hace unos años, no pensé nunca que compartiría experiencias de viaje, negocios, proyectos, eventos a nivel nacional, comidas, conciertos... riesgo en definitiva.

Cuando en un elegante restaurante que solemos frecuentar (franquicia de comida rápida estilo americana) me solicitó que me estrenara como prologuista con este libro, me quedé sorprendido de que se "arriesgara" conmigo ... no porque no considerase a mi buen amigo más que capacitado para dicha tarea, sino además porque contamos con una red de tantos y tantos conocidos... pero con tanta red social, tantas cosas para controlar en KDigitale y empresas que llevar, normal que le falte tiempo, a parte de las tareas de casa que comparte con Isabel (¡Pues a buen santo se ha encomendado!) que está a la desesperada por encontrar segundos al día para poder estirarlo... de ahí que desde que me lo propuso hasta que lo he entregado, tan solo han pasado unos cuantos meses, casi el mismo tiempo que habrá tardado en redactar el libro.

Para escribir este prólogo le solicité a Claudio un resumen o borrador del libro, y me sorprendió que más que exponernos sus grandes saberes propios del día a día, se decante por temas más actuales y cautivadores para cualquier tipo de lector.

Tal y como decía el filósofo griego Diógenes de Sinope

"-Callando es como se aprende a oír, oyendo es como se aprende a hablar, y luego hablando se aprende a callar"

O John Wayne con sus típicas palabras

"-Habla bajo, habla despacio y no hables mucho".

Leyendo este libro sabréis de qué os hablo.

El lector que intenta atraer Claudio es tan extenso que con su fluidez y explicaciones nos hará entender de manera fácil la problemática social sobre **"Todo gratis"** y **"La economía del Puchero"**. Con un breve ejemplo voy a introducir y despedirme de este prólogo:

Si un psicólogo cobra por escuchar, atender y solucionar un problema con un diagnóstico ¿Por qué un informático con los mismos pasos no puede? Ambos dedican conocimientos sobre las personas que le consultan, pero el informático por ser conocido o más allegado no puede cobrar o queda mal visto si se propone intentar cobrar el servicio, ¿Es entonces "Todo gratis"?

Si este libro te ha gustado espero que regales un ejemplar a tus amigos y conocidos, tal y como espero que haga Claudio conmigo. Recordad: *"Somos el pasado del mañana"*

Jose Tortosa

http://about.me/josetortosa

Introducción

Personalmente, cuando tengo que hacer una reseña sobre un libro, película o artículo... en vez de decir 'de que va', me gusta más empezar diciendo 'de que no va'; muchas veces el oyente o lector no es 'virgen' en cuanto a los conceptos que cree que va a escuchar... por lo que a menudo esas expectativas confunden y distorsionan el mensaje.

Este libro no va de economía avanzada (ni retrasada), ni de tecnología e innovación, ni de psicología de mercados, ni de técnicas de marketing aplicadas a los modelos de negocio de hoy en día (aunque reconozco que si pudiera mezclar todo eso en un libro tan compacto, sería cuanto menos curioso).

El libro trata de cómo estamos cambiando nuestros hábitos de consumo y cómo estos hacen que cambien otras cosas, como ciertos modelos de negocio. **Se ha pasado de ofrecer 'todo gratis'** y que empresas o bancos nos dijeran 'si a todo' **a que tengamos que ahorrar, recortar y rentabilizar al máximo** cada nueva aplicación, proyecto o idea para poder salir a flote o simplemente no morir ahogados en la orilla. De ahí que nuestro criterio tenga que variar un poco para alejarnos del '**Tengo mucho mediocre, pero gratis**' hacia un '**Tengo lo que necesito, a un precio razonable**'.

Criterio, mentalidad, estrategia, casos de éxito y fracaso, anécdotas personales, herramientas, zombis y algo de cocina quizás de todo esto es de lo que va el libro.

TODO
GRATIS

¿Es gratis? ¡Dame dos!

¿Alguna vez hemos oído eso de "Caballo grande ande o no ande", "Más vale que sobre que no que falte"? ¿Y la de "A caballo regalado no le mires el dentado"?

Y esto, lejos de intentar formar un criterio o sentar unas bases para la ponderación de las virtudes nos dice justo lo contrario: **"¿Gratis? ¡Cógelo y corre! ¿Grande? ¡Cógelo (a cuestas) y corre (si puedes)!"** Da igual que te sirva o no… ya le encontrarás un uso; da igual que a medio-largo plazo sea un 'trasto' cógelo y olvídalo en una estantería; da igual que no sea el producto que se ajusta a tus necesidades ¡Te lo han regalado! Es más, deberías de coger otro.

Esas ideas parecen bastante inocentes cuando vamos por casa, pero cuando pasa en la empresa, nos encontramos con recursos que son difíciles de reciclar, maquinaria con una obsolescencia fugaz o desaprovechamiento de espacio en almacén.

¿Por ser gratis hemos de cogerlo sin preguntar? Bueno, en tiempos de crisis no cogeríamos uno ¡Cogeríamos varios! ¿Por qué? Por si acaso. Y esto es una *constante, si es gratis dame dos (aunque sean dos piedras) porque son piedras gratis.*

Al final, siguiendo esta política lo que obtenemos en la mayoría de casos es algún que otro problema de logística, de dónde meter o como ubicar en el mismo espacio muchos trastos que, como en su día eran gratis los utilicé para lo que me me hicieron falta, pero ahora he de almacenarlos.

Capítulo 1

Cuando nada vale nada

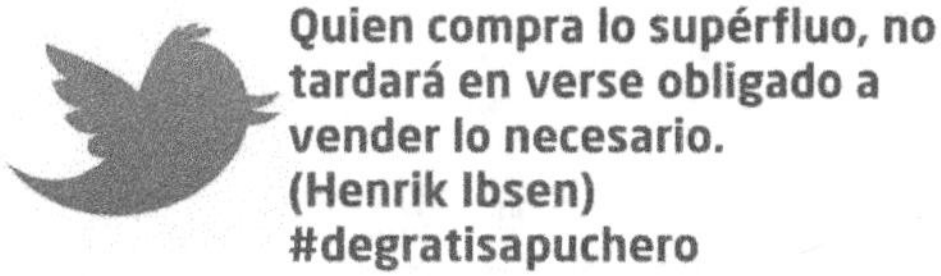

Hay que ver la facilidad con la que dejamos 20 céntimos o incluso un euro de propina en bares, hoteles o restaurantes pero no queremos comprar una aplicación (que nos gusta o necesitamos) para nuestro smartphone por poco menos de 50 céntimos. ¿Por qué pasa esto?

Asumo que dar propina nos hace mejores personas, nuestro karma sube y no sentimos esos 50 céntimos que hemos dado como una pérdida, sino como un reconocimiento al trabajo bien hecho, mientras que, al pagar por una aplicación siempre va a venir alguien a decirte *"¡Pero si ésta es casi igual y es gratis!"* o el socorrido *"Pero hombre ¿Cómo compras eso por casi un euro? Bájate este programa pirata, ¡Que te lo descarga todo gratis!"* Pues sí, la verdad es que si existe algo muy parecido en modo 'gratis', ¿Qué sentido tiene pagar por ello? Pues igual que cuando dejamos la propina en el café, reconocimiento.

En absoluto es mi intención debatir acerca de si la piratería es buena o mala; obviamente es mala por muchos motivos, pero como he dicho, no es el objetivo de este libro discutir y argumentar ese hecho. Sin embargo, lo que sí que hay que tener en cuenta es cómo se valoran las cosas y como eso afecta a nuestra decisión de compra o de uso de una aplicación en concreto.

Ponte en el caso: Contamos con un presupuesto de 10€ y estamos buscando un unicornio rosa para una sesión de fotos del National Geographic y al encontrarlo, descubrimos que una sesión de fotos con él vale 9.90€ ¿Pagaríamos esa cantidad?

"-Es un ejemplar muy raro, puede ser que no encuentre otro, se ajusta al presupuesto que tengo, uhmm... mira, ¿Sabes qué? Que esos 50 céntimos de más se los doy al granjero para que lo cuide mejor".

Hasta aquí sería algo lógico (con la salvedad de poder hacerle fotos a un unicornio rosa, claro está), ya que hemos encontrado un producto que se ajusta a nuestro presupuesto y que encima nos permitimos la libertad de poder dar propina para que este tipo de producto siga existiendo y que se pueda mejorar en la medida de lo posible.

Pero… ¿Y si justo antes de pagar nos ofrecen una vieja yegua gris a coste cero? ¿Pensaríamos si quiera en el cambio? ¿Cómo afectaría eso a nuestra decisión?

"-Es gratis, si la pinto de rosa, le coloco un cono de la carretera en la cabeza y la maquillo un poco… incluso puede dar el pego… mira, más barato… ¡Y lo que me ahorro!"

Lo que 'te ahorras' no es precisamente dinero, son principios, y los necesitarás más adelante para poder evaluar bien, defender y juzgar el resultado final.

Necesitábamos una sesión fotográfica de un unicornio rosa por, como máximo, 10€ de presupuesto… pero en cambio queremos adquirir en propiedad una vieja yegua gris a la que le tendremos que hacer recorta, pega y colorea para que se parezca en algo a nuestro objetivo, esto es, hemos de maquillar lo gratuito para que se parezca al objetivo original que teníamos y encima, como lo tenemos en propiedad, hemos de procurarle un sitio aunque lo más seguro es que después de esa sesión de fotos, como ya no nos va a servir para muchos más propósitos, la facturemos pronto para no gastar recursos en mantenerla o para dejar el espacio que ocupa para algo 'mejor'. Este es un patrón bastante común a la hora de interactuar con aplicaciones para teléfonos móviles. Imaginemos por un momento que para dentro de cuatro días necesitamos tener instalada y conocer a fondo una aplicación para evaluar nuestro rendimiento físico cuando salimos a hacer deporte. Así pues, en las primeras búsquedas observas que hay una de pago bastante famosa con muchas de las cosas que te gustaría medir (distancia, calorías, ritmo cardiaco...) pero ves que hay algunas parecidas sin coste. Instintivamente piensas

"-Bueno, ya sé que hay una que parece la mejor, pero voy a ver si alguna de estas otras se le parece, aunque me metan publicidad, siempre será mejor que pagar".

Y empieza el baile: te bajas una que cumple al 40% tus expectativas, la 'trasteas' y la borras. Te bajas otra, cumple al 70% tus expectativas, la 'zarpeas' así por encima y piensas *"Es muy igual a la otra, a ver si hay alguna mejor"* y así hasta que te das cuenta que esos 3 días que has pasado probando aplicaciones te han convencido de dos cosas:

1. De que la mejor es la de pago, que cuesta 1,50€

2. Que para la tarea que tenías que hacer en 4 días, te queda sólo uno.

Si valoramos la decisión de escoger una herramienta u otra en función de su precio (más cuando éste es irrisorio) es que las bases de nuestro objetivo no están bien cimentadas, ya que deberíamos de escoger siempre lo adecuado para llegar al fin deseado con los mejores resultados posibles.

Capítulo 2

¿Cuánto debe valer lo gratuito?

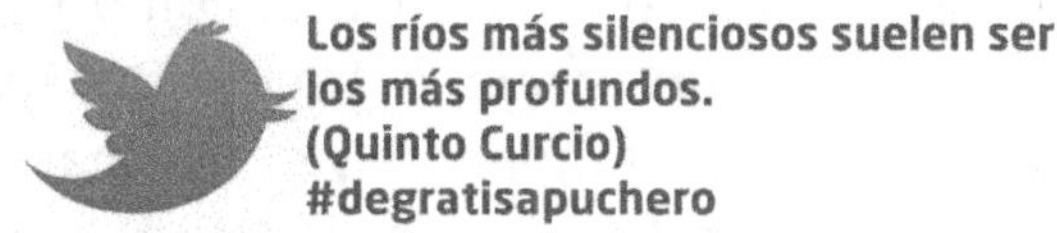

Siempre que se diga que una cosa es gratis desde el principio, ésta debe ser gratis de inicio a fin. Parece obvio, pero muchas cosas que comienzan siendo gratis acaban siendo una acción comercial en toda regla. Esto lo aprendí en la universidad, cuando una estación meteorológica súper-chula bicolor con despertador y a pilas de las que ya no se fabrican, acabó siendo la puerta de entrada para una suscripción a una publicación de divulgación científica. ¿Me gustó la revista? Mucho, pero yo lo que quería era una estación meteorológica con despertador.

En el mundo de las aplicaciones, son muchas las formas en las que nos pueden captar: *"'Gratis 7 días"*, *"Gratis los primeros 20 usos"*, *"Gratis hasta 2 usuarios"*, *"Gratis sólo la versión online"* y todo esto forma parte de la estrategia de la marca para captar al cliente, ya que el fuerte de la aplicación suele ser una pequeña parte de lo que es gratuito. Esa pequeña puerta de entrada está hecha a medida para un tipo de 'target' o cliente-objetivo, por lo que, muchas veces hace de filtro o colador involuntario.

Se suele pensar, erróneamente, que lo que se ofrece como gratuito es que no ha costado nada (o muy poco) de desarrollar o construir (claro, como es gratis) y por eso se tiende a menospreciar el trabajo que hay detrás. Mal, eso no es así; en un mundo en el que hasta el agua embotellada nos la cobran (y nos están cobrando el plástico, no nos engañemos), no vayamos a pensar que hay cosas cuyo valor de desarrollo es tan ínfimo que merece la pena darlas gratis.

El hecho de ofrecer algo gratuito como 'enganche' para desarrollar una posterior acción comercial tiene un efecto rebote mucho mayor que el ofrecer directamente el producto final con alguna de sus características capadas. Eso sí, hay que tener cuidado cómo 'capamos' las características ya que lo que también supondría un rechazo frontal por parte del usuario sería una combinación de varias, por ejemplo:

"-Prueba nuestra nueva red social por tiempo limitado, con un 40% de las funcionalidades activas pero sólo en nuestra versión online con datos no personalizables."

El usuario, inconscientemente, quiere valorar en su justa medida si merece la pena el dinero que 'posiblemente' vaya a gastarse, por tanto, cuantas más cosas pueda tocar y cuanto más real sea el escenario de prueba, más robustas serán sus motivaciones a la hora de decantarse por él.

En el siguiente gráfico de **Mark Mulligan** para *Music Industry Blog* en Mayo de 2012, vemos como de los 20 millones de usuarios que hoy en día tiene Spotify, un 17% son de pago, un 45% son gratuitos y el restante 38% están inactivos.

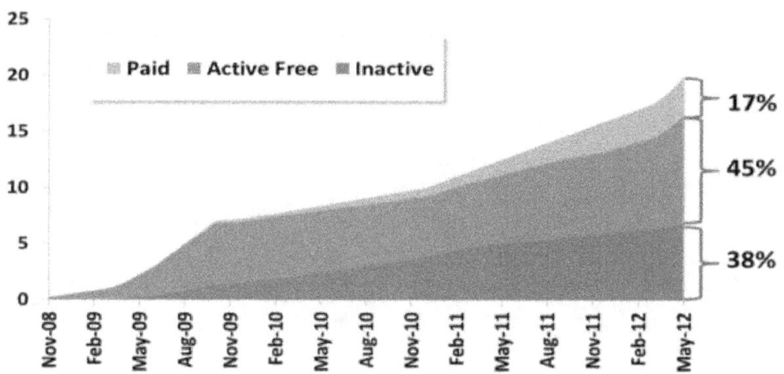

Podemos observar cuando ocurrió exactamente el momento de 'desencanto' de los usuarios gratuitos y fue en Octubre de 2009 cuando se 'caparon' ciertas funcionalidades gratuitas y pasaron a ser de pago.

El número de usuarios gratuitos paró su crecimiento exponencial para pasar a ser un aumento muy lento, y para dar lugar a al nacimiento de un tipo de usuarios, los de pago, muchísimo más lento aún.

Eso sí, el número de usuarios de pago crece con más rapidez que el número de usuarios inactivos, por lo que se asume que una vez valorada la calidad del producto en su versión gratuita, se tiende a pagar por ella más que a desecharla.

Capítulo 3

Bueno, bonito y gratuito

De los productores del *"Bueno, bonito y barato"* que causó estragos en las ferias de pueblo en los 90, llega *"Bueno, bonito y gratuito"*.

Imaginaos a un niño con gafas como yo viendo 'trastos' multicolor y multifunción en una feria de pueblo, dónde el hombre que los vendía decía que eran **buenos** (es decir, que resistirían mis embates), **bonitos** (eso se veía a simple vista ¡Eran trastos!) y **baratos** (por lo cual la economía familiar no se vería afectada), pero que sin saber por qué, mis padres rara vez me compraban algo y la vez que lo hacían, estoy seguro que era para que dejara de dar la murga en vez de porque el 'trasto' en sí tuviera tan increíbles características de calidad, presencia y precio.

Algo así pasa hoy en día, pero en vez de en mercadillos y ferias, lo vengo observando en la quinta planta de un edificio de oficinas, en la presentación de un proyecto ante una junta directiva y en explicaciones de presupuestos a gerentes y equipos comerciales. Este libro es del 2013, y en España tan pronto te dicen que lo peor de la crisis ya ha pasado como te dicen que aún va a tardar mucho en pasarse por lo que, con la excusa de 'la crisis' todo el mundo que exige un producto cree tener la sartén por el mango, pero paradójicamente, todo el mundo que ofrece un producto también cree que ese mango es suyo. El clímax de ésta situación es que ambas partes tienen el mismo miedo (o más) que la otra de que todo se vaya al garete, pero lo disimulan. Y ambos piden y ambos exigen.

He estado en presentaciones de ante-proyectos que eran mucho más completas y con un despliegue de medios mucho mejor que el propio proyecto, todo para convencer a quien quiere comprar y una vez firmado, adiós proyectores, adiós presentaciones dinámicas y reuniones por videoconferencia en HD y hola becarios mal remunerados e insatisfechos[1].

Este tipo de situaciones está directamente relacionadas con la capacidad de algunas personas y

---

[1] Mucho se habla y se ridiculiza la labor y la explotación de los becarios con *'Tráeme un café'* o *'Llama a mi mujer y dile que no voy a cenar'*... pero yo me iría con mucho cuidado de que quien me trae el café y habla con mi mujer en mi nombre estuviese descontento/a.

empresas en el milenario arte de la venta de humo (concepto que abordaremos dentro de 28 páginas) y que tratan de presentar las cosas mucho mejores de lo que son para poder 'endosarlas', pero ya hablaremos de eso. Lo que importa ahora mismo para comparar el cómo se venden ciertos productos, es que antes te decían que era "Bueno, bonito y barato" y ahora te dicen que es "Bueno, bonito y gratuito".

Está claro que ciertos servicios han podido llegar a ser lo que son hoy en día porque en un momento de su vida de modelo de negocio han sido gratuitos o han ofrecido alguna característica de su producto como gratuita; a saber: Spotify, Instagram, YouTube… de hecho en todos estos proyectos aún podemos disfrutar de ciertas características que no son de pago, pero en el caso de que queramos aumentar nuestra experiencia de usuario y poder usar la plataforma al 100%, habremos de pagar de por ello.

Muchos de estos proyectos apostaron por darnos un recibimiento digno de las reuniones de venta de multipropiedad de los 80 en España: Entrada exclusiva por invitación, cóctel de bienvenida con todo pagado, degustación de alguna 'delicatesen' a la vez que te van pidiendo algún dato para hacerte socio e incluirte en próximas charlas privadas con cócteles… y tras esto, reunión de grupo en una sala donde ya nos acaban de vender la burra.

Pues ciertamente, se parece mucho a ciertas 'puertas de entrada' para algunas aplicaciones:

- Sólo podías registrarte y pedir que se te incluyera entre los primeros usuarios con acceso si te invitaba por mail algún contacto que tuviese 'invitaciones' por ser alguien relevante para esa empresa.

- Una vez te registrabas (y a la vez que rellenabas un formulario con tus datos), podías empezar a tocar todas las características de la aplicación e incluso te daban la oportunidad de ver en las líneas en las que se iba a trabajar en el futuro.

- Una vez suscrito a su newsletter, de haber enviado tus datos, de haber comprobado tu grupo sanguíneo y realizado el juramento de fidelidad pertinente, te das cuenta de que tras un tiempo de exclusividad del cual te jactabas, empiezan a repartir invitaciones gratuitas por mail, sin invitación, para que entre todo el mundo.

- Como colofón, la empresa responsable de la aplicación hacía un comunicado en el que, justificando el rápido aumento de usuarios y el uso y abuso de las características gratuitas de su aplicación, decidía 'por el bien de todos y para garantizar el buen funcionamiento' restringir ciertas características sólo a usuarios 'Premium', a saber, de pago.

    ¿Te sientes traicionado? Sí, claro. ¿Tienes derecho a estarlo? No, para nada. Seguramente este ciclo de acontecimientos estaba anunciado en esas 'Condiciones de uso' que pasaron fugazmente por la pantalla y que aceptaste sin leer. Es algo instintivo, no se puede evitar, lo reconozco: no voy a perder 5 minutos leyendo 100 líneas **Times New Roman** a 4px cuando lo que realmente quiero es empezar a toquetear la aplicación, ahora bien, después se que no tengo que ponerme hecho un basilisco cuando entre nocturno y nocturno de Chopin aparezca publicidad del nuevo disco de Melendi a toda castaña (caso de la versión gratuita de Spotify).

    Esto no quiere decir que las empresas puedan engañarnos, aprovecharse de nuestra confianza y hacer lo que les dé la gana con sus aplicaciones siempre que lo avisen en las condiciones de uso; si una empresa quiere que su producto prospere, ha de plegarse a los gustos y la simpatía de su usuario potencial... por lo que la honestidad y la trasparencia deberían de ser dos valores tanto dentro del ámbito profesional como fuera de él. Nosotros como usuarios hemos de juzgar si las condiciones de uso nos proponen un juego al que queremos jugar para siempre, durante un tipo o si por el contrario es una estafa encubierta (que también las hay). Si no estamos seguros o de acuerdo con alguna clausula, hemos de rechazarlas.

Capítulo 4

Gratis analógico y gratis digital

¿A qué se le da más valor? ¿A una foto con derechos de autor que nos dan gratuitamente en una web al registrarnos o a la misma foto impresa en formato brillo y con un pequeño marco? Seguramente a lo segundo, puesto que es un 'algo' físico que podemos tocar y sobretodo, tenemos ese sentimiento de 'pertenencia' tan raro en esta sociedad de hoy en día; es decir, que la puedo ver, tocar, mirar, romper en cualquier momento que yo quiera, no sólo cuando el ordenador esté encendido.

Muchas veces se incurre en este tipo de valoraciones cuando, realmente, no necesitamos que algo esté impreso para que sea útil. Va en contra la naturaleza y es un gasto inútil de recursos que gestionados de otra manera serían mucho más eficaces en su cometido.

¿Por ser gratis hemos de cogerlo sin preguntar? Bueno, en tiempos de crisis no cogeríamos uno

¡Cogeríamos varios! ¿Por qué? Por si acaso. Y esto es una constante, si es gratis dame dos (aunque sean dos piedras) porque son piedras gratis. Creo que es de cajón que si paseando por una plaza encontrásemos a alguien con uno de esos carteles de 'Abrazos gratis', existiría (por pequeño que fuese) un % de posibilidades de que nos acercásemos y fuésemos abrazados por un desconocido. Más aún: si viéramos a una guapa repartidora de muestras gratuitas de un sabor nuevo de yogur helado, igual que en el caso de los abrazos existiría un % de posibilidades de que cogiésemos una de esas muestras; ahora bien, si por el contrario nos encontramos con un reputado doctor ofreciendo vacunas contra el tétano gratuitas 'por si acaso nos pinchamos con un hierro oxidado a lo largo del día', seguramente el pobre hombre no se le acercaría nadie. Ni el de los abrazos.

¿Qué es más apetecible? Un yogur helado. ¿Qué lo menos? La vacuna, sin duda (y especialmente la del tétano, que pica bastante). Impulso, criterio, importancia, urgencia… todas esas variables entran en liza a la hora de tomar una decisión, tanto en el mundo físico como en el online. Al fin y al cabo: criterio.

Dentro de lo que es 'gratis digitalmente' podemos observar varias modalidades, cada una con sus reglas de juego para no vernos 'traicionados' o 'desilusionados' como contaba en el anterior capítulo. Así pues, y sin entrar a describir los detalles, orígenes o jurisdicciones donde se aplican, hoy en día podemos obtener recursos (imágenes, libros, documentales, aplicaciones, canciones... en adelante 'obras') gratuitos en la red bajo las siguientes licencias:

- **Freeware**: Gratis total. El autor del trabajo ha decidido distribuirlo sin contraprestación alguna.

- **DonationWare**: Gratis igualmente, no tienes por qué hacerlo pero el autor te sugiere que si te gusta el producto le des 'la voluntad'.

- **PostalWare**: Gratis a cambio de que le envíes una postal desde el lugar de residencia o explotación de la obra adquirida.

- **ThanksWare**: Un clásico de la buena educación, gratis a cambio de que en un foro público, libro de visitas o mail dejes tus agradecimientos.

- **AdWare**: Gratis pero con publicidad incrustada. Muchas veces invasiva hasta decir basta, otras veces simplemente emergente en intervalos de tiempo aleatorios. Los ingresos percibidos por mostrar esa publicidad es con lo que se costea la obra.

- **GPL/GNU/BSD/OpenSource**: Relacionadas en gran parte con el mundo del desarrollo informático (mayormente en el ámbito de las distribuciones Linux), pues que apuestan porque el código fuente de las aplicaciones sea visible a todos, orientándose así hacia beneficios 'prácticos' a la hora de perfeccionar o adaptar mejor una herramienta informática por la comunidad que a cuestiones morales o éticas de atribución.

- **Demo**: De 'demostración'. Sólo se nos permite 'coger' una parte de la obra. En un videojuego, por ejemplo, se nos dejaría jugar a las primeras dos o tres pantallas. Si queremos el juego entero, hay que pagar.

- **Shareware**: Versión de la obra con ciertas partes 'capadas' u ocultadas a propósito. Nos puede servir durante un tiempo o durante un número concreto de interacciones. Muchos lo llaman CrippleWare (Software mutilado).

- **Trial**: Gratis durante tiempo limitado. Muchas veces, es una versión shareware encubierta, puesto que si la restricción de ésta es temporal, realmente está ofreciendo un Trial.

- **Creative Commons**: Ofrecen derechos a terceras personas bajo una serie de condiciones. ¿Cuáles? El siguiente listado recoge las cuatro básicas a partir de las que se pueden hacer combinaciones:

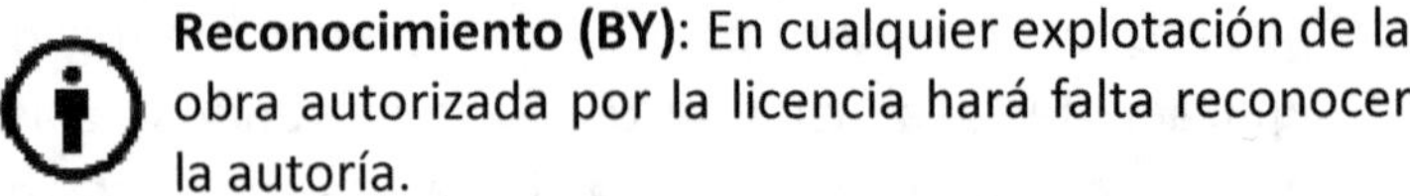

Reconocimiento (BY): En cualquier explotación de la obra autorizada por la licencia hará falta reconocer la autoría.

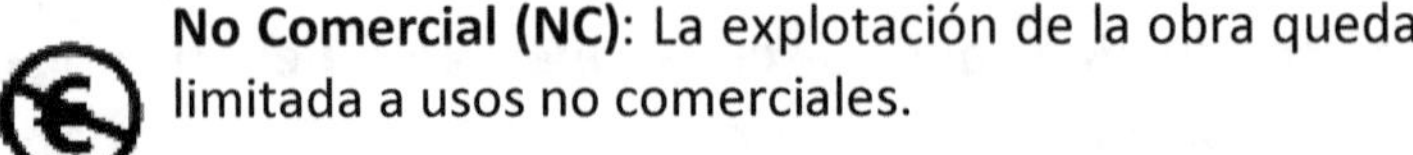

No Comercial (NC): La explotación de la obra queda limitada a usos no comerciales.

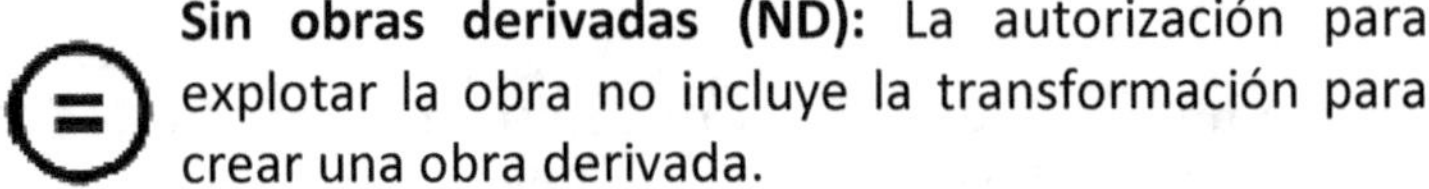

Sin obras derivadas (ND): La autorización para explotar la obra no incluye la transformación para crear una obra derivada.

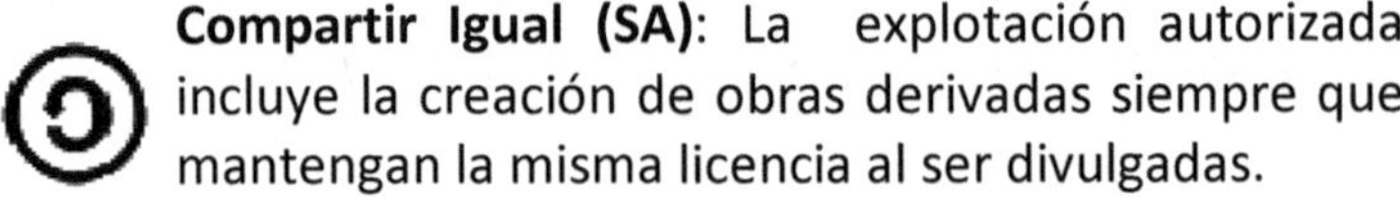

Compartir Igual (SA): La explotación autorizada incluye la creación de obras derivadas siempre que mantengan la misma licencia al ser divulgadas.

Esta información sobre licencias y más concretamente sobre la configuración de condiciones bajo Creative Commons se puede encontrar mucho más desglosada en

- http://creativecommons.org/choose/
- http://onsoftware.en.softonic.com/whats-really-in-a-software-licence

En cualquier caso, en un momento de duda ante si podemos tomar o no tomar gratuitamente algo de la red, lo mejor es ponerse en contacto con el autor. Siempre ☺

Ponerle precio a lo gratuito

*'Gratis' es una de las palabras más peligrosas de nuestros tiempos. Mentalmente la podemos asociar con diversos conceptos... hasta caer en el error de pensar **que gratis significa que no vale nada.***

*'Gratis' realmente debería asociarse a que no hay que dar nada a cambio, que no hay que pagar <u>dinero</u> por algo gratuito... pero no deberíamos caer en la siguiente espiral de conceptos: **Gratis -> No vale nada -> Sin esfuerzo.***

***Que no tenga un precio no significa que no tenga un valor, que no tenga una repercusión.** El concepto de 'gratis' mal entendido puede dar lugar a una merma en las unidades que puede afectar al plan de negocio (para el que lo provee) o a una acumulación de recursos los cuales no van a ser aprovechados ni todos ni en su totalidad (para el que lo toma).*

- *¿Quiere kétchup? Es gratis*
- *Pues si por favor.*
- *Ahí tiene – Mientras lanza una bolsita de kétchup*
- *Chico, dame más... por si acaso*
- *Ahí tiene – Mientras lanza 4 bolsitas más*

*El cliente se pondrá una o quizás una y media. Sobra. El producto es igual de bueno (el kétchup en este caso) bien si lo tengo que pagar o si me lo regalan, pero en el caso de tener que comprarlo (por barato que sea) seguramente compraré **una** bolsita y ya me encargaré de exprimirla al máximo, para no desperdiciar 3.*

Capítulo 5

Libre no significa que trabaje gratis

Lo que es negócio de todo el
mundo, no es negócio de nadie.
(E. T. Sinton Walton)
#degratisapuchero

Pese a que nunca he acabado de 'casarme' con ningún sistema operativo, he de decir que la relación de amor/odio que más me ha durado ha sido con Linux-Ubuntu, puesto que con mis otras cibernovias no he tenido el placer de durar más de un par de años: Windows 7, Windows Vista, MacOS, Windows 2000 (esta me duró realmente poco). A Windows Millenium la vi con un amigo y sólo por la cara que hacía y las sesiones de cervezaterápia que necesitaba mientras estuvieron juntos me dio a entender que no debía acercarme. Millenium, si claro.

El caso es que Linux es un sistema operativo que te puedes bajar de la red, grabártelo en un CD/DVD e instalarlo. Sí, ese CD/DVD llevará gastos de canon digital (aunque no veo derechos por ningún lado). Entonces, como es gratuito ¿No vale nada? Valor y precio nunca han significado lo mismo. En este caso el precio es 0, pero el valor es equiparable a cualquiera de los otros SOs (como ya he dicho antes, si algo cumple lo que promete y encima se ajusta a tus necesidades = valor 100%).

Por tanto, si algo como un Sistema Operativo se distribuye gratuitamente ¿Qué vale el trabajo de sus desarrolladores? ¿Cuánto vale el tiempo de programación, testeo, depuración, etc.? Yo mismo trabajé como traductor en las primeras versiones de un programa de edición de audio de código abierto y lo hice voluntariamente, pero no es lo mismo traducir que desarrollar, promocionar o depurar. Entonces ¿Quién gana?

Gana la comunidad, los desarrolladores… el conocimiento en definitiva. Hay programadores que codifican los programas simple y llanamente para solucionar una necesidad suya y cuya solución la hacen extensible al resto del mundo por si les sirve, y así lo hacen constar con licencias GPL/BSD/GNU/OpenSource como hemos visto anteriormente. Cuando hay muchos perfiles así, la que gana es la comunidad porque todos van sumando, cada uno por su parte, de modo que uniendo varias de esas partes, muchas veces se hacen suites de programas o Sistemas Operativos.

El comerciante que vende y distribuye tiene unos gastos de producción (impresión, maquetación, trasporte, etc.) por lo que es lógico que exista un precio cuando lo adquirimos físicamente y que sea libremente distribuible cuando es vía online.

Y en última instancia, siempre acaba ganando el conocimiento, porque unos a otros se ayudan entre sí, la comunidad es el mejor cliente, porque las criticas son constructivas (en la gran mayoría de casos), los programas se enriquecen con funcionalidades pedidas por los usuarios y como el código es libre, si alguien puede o quiere mejorarlo, puede hacerlo.

De esto, y aunque parezca muy distante, se acaba beneficiando entre otros, el ente público español: el hecho de poder modificar y adaptar 100% un sistema operativo 'a gusto' del cliente final[2] ha podido dar lugar a distribuciones Linux adaptadas para hábitos del ente público muy diversos; ejemplos son Linkat en Cataluña, Lliurex en la Comunidad Valenciana, LinEx en Extremadura o Guadalinex en Andalucía.

Eso sí, que las licencias de software hayan sido gratis, no quiere decir en absoluto que todo el proceso lo haya sido (como bien indica el título del capítulo): Toma de requisitos, implementación, desarrollo, implantación... todo eso sí conlleva un coste, pero que haya representado un ahorro ya es más que significativo a la hora de

---

[2] El caso de Lliurex es simplemente un ejemplo. Por todos es conocido que este tipo de programas no los hacen a gusto, en este caso, del profesor que está en el aula si no que se hace en base a lo que gente que no está en el aula cree que va a necesitarse dentro de ella, con los consiguiente problemas de implantación y uso que muchas veces conlleva.

plantearse el pagar religiosamente todos los años licencias de uso o hacer un desarrollo libre y adaptado a necesidades concretas una sola vez. Con razón hay críticas en general contra la implantación de software libre en centros públicos, puesto que como viene 'impuesto' desde la administración, ya de entrada genera desconfianza.

El 'pero' a toda esta operación de ahorro en licencias y apuesta por software libre, es que los requisitos los emiten políticos y recursos funcionales, pero quienes trabajan con esa plataforma son (por ejemplo) maestros y quienes lo desarrollan (muchas veces tirándose de los pelos por lo descabellado de algunas características) son técnicos.

- ✓ **A favor:** El hecho de que se implante software libre genera beneficios para varias empresas (de ámbito nacional, local) en vez de sólo a una y contribuye a generar conciencia de grupo/comunidad entorno al software.

- ✗ **En contra**: Por el contrario e independientemente de código abierto o privativo, la realidad del sitio a implantar el sistema (educación, sanidad...) dista mucho de la solución propuesta, que goza de un rechazo frontal en más del 80% de los casos de implantación, no siempre motivados por una simple 'resistencia al cambio' sino por motivos funcionales.

Capítulo 6

Valora el resultado, no la herramienta

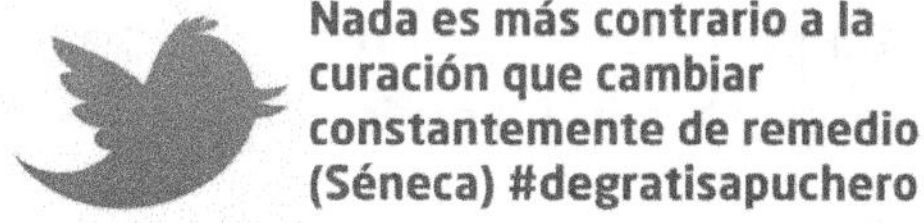

Una manera de orientar un trabajo o proyecto es en base a unos objetivos, a unos resultados que se esperan conseguir. Para llegar a alcanzarlos, tendremos que desarrollar nuestra tarea con unas herramientas. Y para usar esas herramientas hemos de tener un conocimiento previo de su uso para poder explotarlas al máximo y obtener un mejor rendimiento. Por último, para conseguir todo lo anterior primero hay que tener voluntad de hacerlo, sin duda alguna, pero centrémonos en las herramientas.

Si la herramienta es muy difícil de usar o su curva de aprendizaje es 'excesivamente' exponencial, al poco nos hartaremos y decidiremos pasar a otra. Y si esa otra es fácil de usar pero no podemos personalizar el resultado o darle la forma deseada, buscaremos otra. ¿Recordáis hace 22 páginas cuando teníamos 4 días para encontrar una aplicación para móvil? Pues cambiemos un poco el caso ¿Y si dijéramos que la licencia de cada herramienta vale

1000€? ¿Las desecharíamos tan fácilmente? Seguramente no.

Es más, si encontrásemos algún impedimento a la hora de 'maquetar' el resultado final con una herramienta de 1000€ de licencia, lo más seguro es que variásemos las condiciones del producto final en base a poder acoplarnos a las prestaciones de la herramienta.

Eso sí, si nos ponemos en el caso en el que la herramienta es gratuita, seguramente se dará el caso contrario: Se mantendrán los requisitos del resultado final y cambiaremos de herramienta tantas veces como sea posible, siempre que acabemos a tiempo para poder presentar el resultado en las fechas esperadas.

Y aquí viene el problema: Al cambiar de herramienta, dejamos fijos el resultado y el tiempo de entrega, pero no se tiene en cuenta que la curva de aprendizaje de cada herramienta es variable y que, por mucho que nosotros queramos, no estamos en disposición de controlarla. Y la suma de esos tiempos de 'curvas de aprendizaje' nos puede destrozar nuestro precioso diagrama de Gantt, amén de habernos hecho perder un tiempo que rara vez se reaprovechará.

Otro escenario que nos podemos encontrar fácilmente es que cuantas más herramientas probemos, más sensación de inseguridad y de *"no sé que estoy haciendo"* tendremos, cosas que tampoco beneficiarán en nada al resultado final del proyecto.

¿Solución? La solución es entregar el proyecto el día especificado con los resultados esperados. La herramienta al fin y al cabo, va a ser trasparente para el cliente. Rara vez se te va a preguntar con que lo has hecho, sino **cómo funciona**, por lo que hemos de orientarnos desde el principio a una funcionalidad, a poder ofrecer una flexibilidad en la experiencia de usuario.

No se pueden conocer todas las herramientas del mercado, no se pueden evitar ciertas curvas de aprendizaje... pero cuando se toma una decisión *"Voy a trabajar con la herramienta X"* se ha de ser razonable y no cambiar de herramienta en la medida de lo posible.

Un poco de matemáticas sencillas nos pueden dar una ligera idea de cómo elegir correctamente la aplicación desde un principio basándonos en sus curvas de aprendizaje. Diferenciemos principalmente entre dos tipos

- **Logarítmicas**: Rápida ascensión y atenuamiento hasta conseguir el objetivo. Traducido al aprendizaje, significa que que en poco tiempo podemos adquirir unos conocimientos y una destreza muy rápidamente, pero nos alargaremos en el tiempo para conseguir un dominio completo.

- **Exponenciales**: Ascensión lenta pero aceleración rápida hasta conseguir el objetivo. En el plano del aprendizaje, corresponde a que nos costará mucho tiempo empezar a incrementar nuestra destreza, pero una vez vayamos sumando conocimientos, nuestros progresos serán más rápidos.

Aunque no sea una curva propiamente dicha, lo normal sería una ascensión **lineal**, es decir, el tiempo invertido se corresponde con la destreza adquirida de manera 'justa' u óptima. Tanto si os gustan las emociones como si no, ya se encargará el cliente de cambiar los requisitos cada dos por tres para que no nos aburramos, así que intentemos ser coherentes y consecuentes con la herramienta que utilicemos.

Capítulo 7

Tiempo y dinero, la extraña pareja

"¿Eso? Eso te lo hago yo en dos patadas, no es nada complejo y lo puedo hacer bastante rápido. Serán 1200€."

Muchos clientes han dejado de hablarse con sus programadores o encargados de marketing online después de una frase así. *"Si son dos patadas, si es rápido y no es complejo ¿Por qué cuesta la nómina de un mes?"* (Con esto dejo claro cuál es mi concepto de nómina hoy en día).

Cuando empecé la carrera de ingeniería nos dijeron "A un ingeniero técnico le enseñan a apretar botones. A un ingeniero superior le enseñan CUAL botón se ha de apretar en cada momento". Desencanto, desencanto everywhere. Esto por supuesto no es así (ni de lejos) una vez te metes dentro ves que el concepto de 'botón' es algo más complejo, pero viene muy bien para explicar la conversación de antes.

El que pide un trabajo valora 'monetariamente' ese trabajo en base a cuánto tiempo ha tardado en entregarse y a las reuniones hechas y a la cara de sufrimiento del que se lo tiene que proporcionar. *A más agonía, mayor precio.* Y sí, así es: somos capaces de ponerle precio a la agonía, pero no valoramos si el resultado es el esperado o no.

Si pido un café, y veo como el señor de la barra coge el saco de café, lo muele en el molinillo, lo filtra, lo selecciona, lo pasa por la cafetera tradicional y tras unos minutos me lo sirve… mi inconsciente me está diciendo: "Esto es algo artesanal, con una dedicación única, el camarero ha invertido 10 minutos de su vida en prepararme el café (que está ardiendo, por cierto), está el pobre sudando de haberlo molido… y qué buen criterio ha tenido en seleccionar los granos adecuados… si me cobrase 3€ lo vería hasta algo normal".

Por el contrario, si pido un café y el camarero saca una 'cápsula de color morado', la mete en una máquina digital y me da el café (ardiendo también) en 15 segundos y me cobra 3€, diré que desde tiempos de Viriato no había habido traición similar. Suponiendo que el café sepa igual, claro está… que va a ser que no, pero bueno, el caso es que **nuestra percepción del proceso influye en nuestra valoración del resultado.**

Hay desarrolladores que prefieren dar un margen de una semana para un trabajo que realmente cuesta media jornada, pero para que el cliente no se sienta frustrado con la factura. ¿Bien? ¿Mal? ¿Falta de honestidad? En mi opinión, tan 'chulo' es el desarrollador que dice *'Esto lo hago yo en dos patadas'* como el cliente que, sin conocer la formación y la destreza del desarrollador se auto-otorga la potestad de meterse y valorar su trabajo.

Lo lógico es que para una misma tarea, diferentes desarrolladores den diferentes fechas, diferentes horquillas de tiempo, puesto que sus destrezas pueden variar a la hora de acometer la tarea, pero es competencia del programador el fijar la fecha de entrega y la factura… y del cliente especificar el resultado final esperado.

Hay un escenario muy curioso, y es la típica reunión de profesionales que trabajan por cuenta propia en un mismo sector: todos comentan como les aprietan sus proveedores, todos critican algunos caprichos de sus clientes, se cuentan anécdotas de casos reales, cafés y charla distendida. Genial, de todo se aprende y ese fluir de conocimiento siempre es beneficioso; siempre, hasta que llega el más inocente o el más novato y pregunta:

"- Y vosotros cuanto cobráis por…"

Entonces se espesa el ambiente, todos tensan la espina dorsal y a alguno que otro le llaman precisamente en ese momento al móvil. Básicamente, se pueden escuchar tres respuestas bastante frecuentes:

(A) "- Hombre, eso depende, es que cada cliente es un mundo y claro, los precios no pueden ser igual porque bla bla bla..."

(B) "- Macho, vaya pregunta, pues es que dependerá del trabajo que haya que hacer, hay veces que parece sencillo y luego se enmarrona, por lo que hay que sobreestimar y bla bla bla..."

(C) "- Por horas, está clarísimo. Eso sí, un precio por hora para cada tipo de trabajo. Y también por cada tipo de cliente. Y también un precio por temporalidad... no vas a cobrar lo mismo en invierno que en verano, o si te lo piden en vacaciones. Así lo tienes todo cubierto."

Y ahora me dirijo a todos aquellos profesionales que se hayan visto identificados con esta situación o que ha escuchado o dicho alguna de estas frases: Si no respetamos un precio en concreto de nuestro trabajo (A) o no sabemos estimar bien los tiempos de desarrollo (B) ¿Cómo van a respetarnos desde fuera? Normal que todos se crean con el poder de regatear el precio o incluso ponernos el precio.

¿Por qué? Por contestaciones (no faltas de razón) como por ejemplo:

"- A aquel se lo hiciste por otro precio, yo lo quiero igual o más bajo."

"- Que tú no supieras que ibas a retrasarte no es mi problema, yo te pedí el trabajo para finales de mes y así lo quiero."

Mención aparte merece el caso (C). Un precio por cada tipo de trabajo, por cada tipo de cliente y por cada periodo del año… ese es el que más claro lo tiene y el que mejor sabe separar los distintos casos, que sabe que segmentando sus habilidades conseguirá una mejor aplicación de estas al realizar las distintas tareas.

Pero cuidado, eso lo único que puede hacer es marearnos y si realmente se hace al pié de la letra y se segmenta todo absolutamente todo, es una opción muy poco rentable. ¿Lo lógico? Fijar precios por hora, estimar bien las horas de un proyecto y tratar a los clientes como clientes y a los amigos como amigos. Pero hoy en día, con el entorno tan sumamente inestable que tenemos, no se puede apostar por las cosas lógicas, sino por las que nos aseguren cierta supervivencia y ahí se entra dentro del campo del 'arte de negociar'.

Capítulo 8

Queda el conocimiento, no el libro

Cuando lees un libro y aprendes un concepto (lo aprendes de verdad, me refiero), cada vez que haces referencia a ese concepto no sacas el libro y lees la cita en cuestión ¿Cierto? Pues algo así está pasando hoy en día en las empresas que demandan más formación y menos outsourcing.

Por todos es sabido que en tiempos de vacas flacas, se invierte más en formación que en productos, recursos físicos o adornos de navidad y de ahí que el modelo de gestionar el conocimiento por parte de las empresas esté cambiando y esté apostando por retener la información cada vez más.

De esta última reforma laboral se pueden sacar muchas lecturas y no menos consecuencias de aplicación a corto plazo en las empresas españolas. Una de ellas tiene que ver con la formación y a lo que obliga esta nueva reforma es a dedicar un mínimo de 20 horas a la formación por empresa. En un estudio de Addeco[3] se muestran algunos resultados acerca del aumento o disminución de la partida presupuestaria dedicada a la formación en las empresas tras entrar en vigor la nueva reforma laboral. Si bien un 31,9% ha reducido los fondos dedicados a la formación, un 55% los ha mantenido e incluso un 10% de las empresas los ha aumentado.

En el siguiente gráfico extraído del informe, podemos ver el desglose de la decisión tomada en cuanto a fondos dedicados para la formación por campo empresarial:

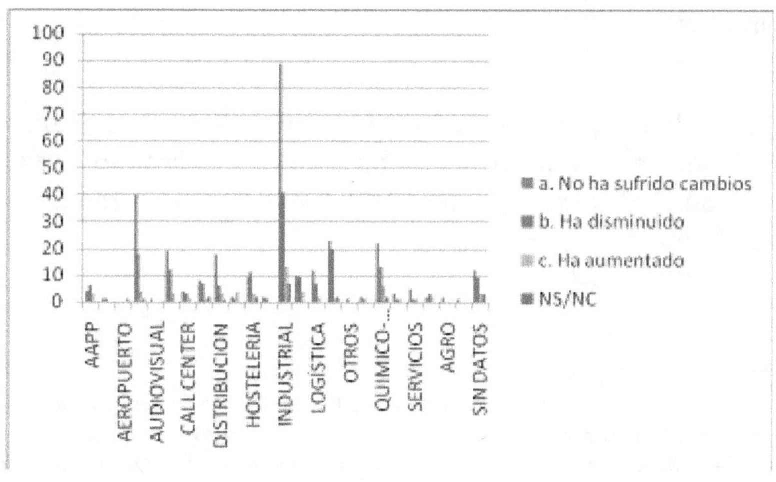

---

[3] http://www.adecco.es/_data/NotasPrensa/pdf/422.pdf

Y esto ocurre de distintas formas, como ahora impidiendo fugas de cerebros (gente ya formada y experta en su campo que puede formar a nuevos recursos) o dándoles la oportunidad a sus empleados de formarse en materias que, si bien no son de aplicación directa en su campo esa misma tarde, son habilidades sociales o conocimientos trasversales a su puesto de trabajo que pueden repercutirles de manera positiva más adelante. Sin ir más lejos, yo personalmente cuando trabajaba de programador encerrado en mi cubículo de un metro cuadrado, me ofrecieron la posibilidad de formarme en el arte milenario de las 'Reuniones efectivas'. ¿Reuniones? ¿Yo? Yo sabía que había un cliente porque lo decían mis jefes, pero para mí era algo como mitológico, puesto que todos sabían que existía, se le rendía culto en el altar de los reportings de horas... pero en mi planta nadie había visto a uno nunca.

Pero pese a todo, ese curso me dejó varias lecciones muy valiosas y que he podido ir aplicando con el tiempo[4]. El caso es que la tendencia es retener el conocimiento en la empresa.

---

[4] Comparto una de las más importantes aunque no tenga nada que ver con la temática de este libro: *"Siempre hay que entrar con un objetivo a una reunión y salir de ella con algo zanjado y decidido al 100% (aunque no tenga nada que ver con el objetivo inicial)"*.

En el ámbito del desarrollo web las plataformas actuales como Drupal, Wordpress o Joomla ya le permiten al usuario poder gestionar un sitio web autónomamente al 100%, independientemente de si esta va a ser destinada para actuar como blog de empresa, página corporativa o mini-site de lanzamiento de una campaña publicitaria. A través de una interface mucho más amigable y sencilla para la creación de contenido, se le ha dotado a quien puede dedicar algo de tiempo a su estudio el hecho de poder ser 'dueño' del contenido, tanto a la hora de crearlo como a la hora de publicarlo, quedando así lejos los tiempos en los que se tenía que echar mano de un informático para el simple hecho de colgar una foto nueva, cambiar un teléfono en los datos de contacto de la web.

Con esto para nada estoy deslizando la idea de que ahora los informáticos puedan ser prescindibles, en absoluto (pues mi trabajo depende de que no sea así ☺), lo que quiero resaltar es que antes el 'informático' de la empresa llevaba la web, su contenido, los sistemas, el servicio técnico, marketing online, parte de la formación... ahora se han creado nuevos puestos de trabajo especializados y la micro-especialización de ciertos perfiles puede cubrir de manera más eficiente todos esos campos: hoy en día disponemos de la figura del content curator, social media strategist, community manager, analista SEO, técnico de sistemas... y lo que es mejor, con cursos y recursos especializados en esos campos.

Burbujas, humo y recursos superfluos

Muchas veces malgastamos el dinero porque hemos comprado una cosa que después ha resultado no cumplir con nuestras expectativas. Bien, porque no era buena para lo que queríamos, bien porque si que servía para nuestros fines... pero de mala calidad, etc. Eso sí, la hemos comprado porque todo el mundo la tiene, o porque todos están muy contentos de tenerla (aunque llamen más al servicio técnico que a sus propias madres) o porque, simplemente, nos la han sabido vender como el remedio a todos los males del mundo.

*Más adelante en el libro haré hincapié en lo que es una necesidad y una comodidad, pero sirva esta introducción de capítulo para poner de manifiesto que **nada es tan bueno como se anuncia ni tan malo como (mal) decimos cuando se estropea.***

Igual que en las redes sociales, para esto no hay un decálogo de reglas, pero se ha de usar el sentido común tantas veces como nos sea posible antes de cegarnos con una oferta o promoción.

Capítulo 09

Telefonía gratuita

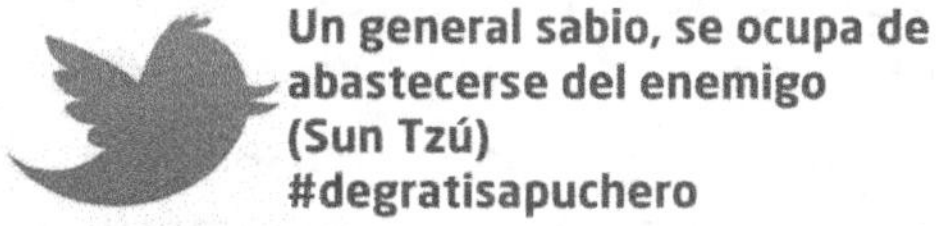

Repito que este libro se ha escrito en el 2013. Y lo digo porque no sé como avanzarán las campañas, como se adaptarán las compañías o que nuevos servicios paquetizarán para venderlos como los salvadores de nuestra vida online... pero el caso es que últimamente, cuanto más veo que una compañía de telefonía móvil ofrece algo gratis... digamos que me da 'miedito'.

Hay algunas verdades inmutables, que nuestro refranero ha sabido inmortalizar, como por ejemplo

"- Nadie da duros a cuatro pesetas".

Adaptándolo a los nuevos tiempos y por si hay algún lector nacido más allá de los 90, diré que:

"- Nadie da una versión deluxe (o 'collector´s edition') por el precio de una beta".

Eso es así… y aunque no nos lo parezca, así ha sido y creo que será siempre. Parece que ahora, cuando entramos a los markets de aplicaciones y nos instalamos alguna app gratuita realmente pensamos que nos ha salido gratis. ¿De verdad? En teoría se paga un plan de datos para tener una tarifa plana cada mes. Súmale la luz de cargar esos maravillosos smartphones cuya batería tiene 1 día de caducidad (en los mejores casos). Ya no está saliendo tan gratis. Pero es más… se puede pensar que *"Bueno, yo instalo 4 ó 5 aplicaciones por mes y compruebo el correo todos los días y gestiono parte de mi empresa desde mi teléfono, así que **necesito** ese plan de datos y en mi opinión, lo rentabilizo"*.

Para empezar, digamos que el concepto 'necesitar' es muy (pero que muy) relativo.

- No conozco a nadie que necesitase hace 10 años un smartphone para monitorizar su empresa.
- No conozco a ningún padre o madre que necesitara un teléfono móvil para poder estar en contacto con sus hijos.
- No conozco a ningún novio que necesitara una aplicación para mandar caritas sonrientes y cacas con ojos para alargar ese 'cuelga tú' con su novia.
- Y he de decir que, en cuanto tenga un/a hijo/a, seguramente cumpla el punto que queda, porque he pasado por los otros dos ya.

Que las compañías (todas) **nos quieran crear esas necesidades, es hasta cierto punto normal** porque en realidad NO SON una necesidad. Son una comodidad. Y la comodidad se paga. ¿Hay necesidad de viajar en primera clase en los aviones? No, pero es más cómodo (Sí, pero es más caro).

Si no te bajaras ninguna aplicación, chateases o comprobases el mail durante todo un día ¿Te sentirías estafado? En realidad no estás rentabilizando AL MÁXIMO esa tarifa que pagas... así que **hay que saber que se necesita** para **saber que hay que pagar**. Para constatar el uso, en mi opinión, casi desproporcionado que hacemos de estos aparatos, una curiosidad: mensualmente se trasfieren **1.3 billones** (con Bi de Bilbao) de gigabytes entre dispositivos catalogados como smartphones (tablets no). Si nos paramos a pensar, es una barbaridad. Aún así, sólo el **26.3%** de los usuarios de smartphones usan estos dispositivos para navegar (ya veremos en el capítulo 22 si es una buena idea). Dentro de esos 1.3 billones de gigabytes de datos mensuales que se trasfieren entre smartphones, únicamente en Estados Unidos **al día** se mandan **210 billones de emails**, de los cuales aproximadamente el **80%** de ellos son catalogados como SPAM.

Como podemos ver, tener un Smartphone con su correspondiente tarifa de datos es algo a lo que el entorno nos está 'casi casi' obligando. Según datos de Red.es, el perfil tecnológico del español medio es el siguiente:

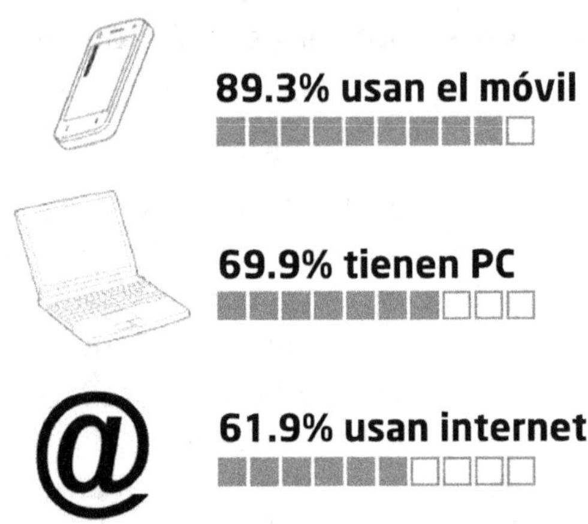

Según un estudio hecho en 2012 por ComScore, España ocupa actualmente la primera posición europea en cuanto al uso de smartphones, con un 55.2% de usuarios. Sin embargo, pese a contar con mayor penetración, si nos fijamos en las distintas actividades que se pueden realizar con estos terminales, nuestro país sólo es líder en la reproducción de música, pero vamos por detrás en uso de redes sociales, uso de correo, navegación, etc. Con semejante campo para sembrar ¿Cómo no van a servirnos en bandeja ofertas que 'debemos' necesitar?

Capítulo 10

Vendedores de humo

Emocionalmente, hay que evitar a toda costa a esas personas que con su sola presencia te chupa toda tu energía, te desintegra, te cansa… son los vampiros emocionales. Pues empresarialmente, hay que alejarse de los vendedores de humo… porque te van a 'robar' el dinero de una forma legal y hasta elegante.

En algún momento todos hemos vendido humo en vez de madera. Digamos que, si estuve viviendo un año en Alemania desarrollando mi proyecto final de carrera completamente en inglés y rodeado de españoles, hay dos formas de reflejarlo en el CV:

- Experiencia en proyecto internacional, alto nivel de inglés. (caoba de la buena)
- Experiencia en proyecto internacional dentro de un equipo multidisciplinar, desarrollando capacidades

lingüísticas en alemán, inglés y español (humo, mucho humo).

Sabes que alguien te está vendiendo humo cuando, después de repetirte la misma cosa tú crees que es buena y que en el fondo sabes que **debe de tener** muchas ventajas (seguro que si) pero no acabas de entenderlo y tienes que pedir que lo repita una y otra vez (muchas veces por vergüenza y no parecer un paria, al final aceptas confiando en la gente).

Hagamos caso, de vez en cuando, a la intuición. No quiero plantar la semilla de la desconfianza, de que no hay que fiarse de nadie; en absoluto, no va por ahí. Hemos de formarnos un espíritu crítico y robusto, sólo así podremos estar seguros de habernos construido un criterio, que será el que nos ayude a discernir entre las brasas, la madera y el humo. Un buen analista duda de todo menos de los datos. Un buen periodista no se ha de conformar con datos sueltos, de referencias, de rumores o de hipótesis; no: siempre ha de acudir a la fuente. Un buen director asume los riesgos de su decisión en base a muchos indicadores.

Nosotros somos, a tiempo completo esas tres cosas en cada decisión que tomamos, independientemente de si somos amos de casa, ingenieros, electricistas, escritores o padres (o todo junto y autónomo).

No confundir al vendedor de humo con un estafador: el primero engaña y quizás ("quizás") sin saberlo. El segundo lo hace sabiéndolo. Muchas veces el vendedor de humo es un emprendedor novato al que, para impresionar al cliente o inversor, se le cruzan algunos cables:

"- Soy autónomo y hago páginas web y mi marca comercial (no registrada) es mi sello de identidad así que puedo decir que soy director de una compañía de desarrollo web. Como me he hecho yo mismo la adaptación a la LOPD con el formulario aquel que envié a la Agencia, diré que también tengo servicios de consultoría y auditoría. Así seguro que igual me cae algún proyecto y este mes puedo comer algo que no esté en los congelados".

Él tiene que saber cuáles son sus capacidades reales, aunque nosotros como clientes tenemos que saber valorar no solo sus aptitudes, sino su posible entorno y si éste le puede estar afectando a su 'percepción' de la realidad y esto a nuestra inversión. Sí, es difícil y puede ser que tengamos que barajar muchas variables… pero nadie va a hacer este trabajo de mirar cuál es el mejor sitio para poner nuestro dinero… y si lo hace, nos va a cobrar (legal y justamente) por ello.

Juzgar a una persona sin conocerla, no se puede hacer seriamente; es decir, puedes evaluar sus actos pero hasta que no conoces su motivación y su visión no puedes emitir una opinión 'justificada'. Siempre me ha gustado la frase de *"Si no llevas mis zapatos, no te atrevas a juzgar mi andar".* Sería del todo injusto, sin duda. Lo que sí que podemos juzgar son los actos, las acciones, bien de una persona o de una empresa: sus proyectos, la forma de presentarlos, el modo de implantarlos, etc. Y hoy en día gracias a las redes podemos echar mano de un montón de información, histórico, referencias y opiniones acerca de un producto o empresa en concreto. Para bien o para mal, en internet se queda 'casi' todo registrado; podemos consultar datos de una empresa para ver si es rentable, si presenta sus proyectos a tiempo, si hay quejas de (o hacia) sus empleados; incluso, en las mismas tiendas online donde compramos muchos de nuestros productos hay foros y opiniones relacionadas (generalmente no sesgadas ni moderadas, como debe ser) con aquello que compramos y que nos puede ayudar mucho a tomar una decisión[5].

Y es nuestra obligación desenmascarar a los vendedores de humo y avisar de ellos a la comunidad: **de la venta de humo a la estafa hay una distancia muy corta** (y muchas veces el humo no nos deja verla). De la misma forma, es nuestra obligación re-orientar o re-conducir por el camino de la honestidad y la trasparencia a aquel que incurre involuntariamente en este tipo de errores, puesto que hacemos un favor a dos bandas: a nosotros porque no malgastaremos dinero o recursos en algo que no es lo que promete ser y por la trayectoria profesional de aquel que lo está haciendo sin saberlo.

---

[5] A este tipo de consumo posterior a la comparación exahustiva o a la consulta con diferentes usuarios del producto en vez de a la empresa productora se le llama Groundswell, concepto que abordaremos en el capítulo 25.

Capítulo 11

La paradoja del doble calcetín

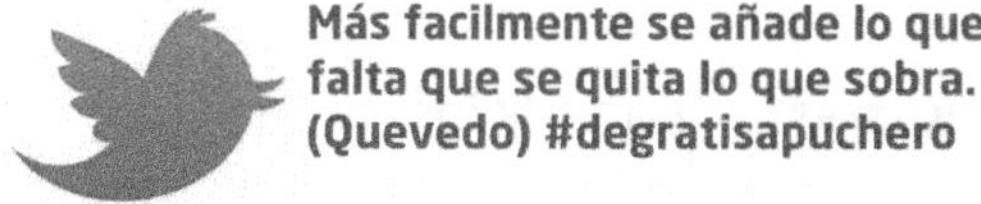

Una paradoja con un nombre tan cutre sólo podía acuñarla yo… lo asumo.

Estás paseando tan tranquilo cuando ves una tienda de zapatos con unas ofertas increíbles. Te acercas y ves que hay unos zapatos que realmente te gustan y a un precio muy por debajo de lo que costarían de normal.

*"-Es una tienda en la que están de liquidación… claro, tienen que hacer ofertas así, **están obligados** para poder seguir subsistiendo."*- piensas para tus adentros.

El caso es que entras a la tienda, te los pruebas y te vienen "un pelín" grandes. Está claro que si costaran su precio real y encima sin tu talla exacta no se te ocurriría cogerlos pero, uffff es que ¡Cuestan menos de la mitad!

*"- Ya me las apañaré si me vinieran pequeños no tendría solución **y les exigiría** una talla más, pero si me vienen grandes, ya se me ocurrirá algo".*

Una vez ya en casa los sacas de la caja, los miras, los remiras, los limpias… son perfectos (con la salvedad de que te vienen un poco grandes).

Cuando vas a ponértelos te das cuenta de que caminas como un pato que chapotea en J&B y decides (en un arranque de ingeniería) ponerte dos calcetines en cada pié. El interior blanco, de deporte, gordo para que abulte y por encima uno negro, porque vas a ir de traje, con zapato negro y no eres John Travolta.

Y repites eso cada vez que te pones traje, para ver a tus clientes, para reuniones de equipo, para presentaciones y ponencias porque realmente te ves bien con esos zapatos y has conseguido solventar el 'problemilla' de que sean de una talla mayor. Pero, más allá de para lucir y dar buena imagen **el zapato debería de servir al pié y no al revés** ¿Cierto?

Sin embargo, aquí hemos modificado el pié en beneficio del zapato. Con el doble calcetín, el pié suda más, traspira menos, gastas el doble de recursos (calcetines) de lo normal y, en casos extremos, te puede hacer parecer más alto de lo que en realidad eres, dando así una imagen al exterior elegante, si, pero falsa.

Cambiemos el pié por empresa y el zapato por Plan de Marketing, Estrategia Social Media, Página Web o incluso un producto de telefonía **y ya la tenemos liada**. Por el hecho de que un proveedor te dé una solución (aunque atractiva) mayor a la que necesitas, lo que tú haces es:

- Cambias tu modus operandi.
- Pones al equipo a disposición del recurso para poder 'llevarlo bien'.
- Explotas al de dentro (que al final eres tú) para poder lucir elegantemente esa solución que te han propuesto.
- Gastas más recursos de los debidos para poder mantenerla.
- Una cosa que no necesitabas, ahora tienes que esforzarte para poder llevarla.

Y ojo, no vayas a pedirle explicaciones porque, si recuerdas, *estaban de liquidación* ☺

La solución está, a mi juicio, como clientes en no morder más de lo que se puede tragar, en no comprar el último modelo porque es el mejor (cuando voy a usar un 60% de sus posibilidades) y como proveedores, en ser honestos, trasparentes y coherentes con nuestro tipo de cliente y en las soluciones que ponemos a su disposición.

Capítulo 12

Quiero un gran botón rojo

También llamado 'el mal del jefe'. Llamado así por los que no son jefes, claro.

La expresión *'Quiero un gran botón rojo, el cual yo apriete y me presente lo que estoy pensando... y como lo estoy pensando.'* es mucho más común de lo que creemos.

Cuando se desconocen los fundamentos de un sistema y se tiene que llegar a un resultado mediante su uso... no sólo esperamos que funcione, sino que esperamos que haga lo que nosotros ~~le decimos~~ estamos pensando. Y casi nunca es así. Muchas veces, el director de un proyecto... por raro y tenebroso que parezca, no conoce los entresijos técnicos de ese proyecto, para eso están los ingenieros. Eso sí, no sabe cómo se hace, pero sí que sabe lo que quiere y como lo quiere.

Generalmente quiere un informe fácilmente interpretable, con gráficos de barras, chulo y que impresione al consejo de dirección. Y para obtenerlo, quiere tener un cuadro de mando integral en el cual exista un botón que ponga 'obtener informe'. Así de simple. Evidentemente, el director lo que no sabe es de que trata esa 'magia' y si esos datos para generar el informe pueden estar circulando por conexiones desprotegidas, cuanta gente puede ver ese informe o si se acaba el espacio en el servidor al generarlo.

Bromas aparte, hemos de ir con mucho cuidado de no desear ver muchos botones rojos en nuestro día a día, primero porque desconocemos lo que hay detrás ni como se están tratando los datos y por supuesto por si esos datos están llegando a más sitios de los que toca.

Los 'botones rojos' facilitan algunas tareas, no la vida entera. No es bueno, aunque a priori lo parezca, el desconocer todo lo que hay detrás de una operación. *"Ya, pero yo le doy mi dirección de correo, mi contraseña y mi usuario de twitter y este gran botón rojo me devuelve quienes me han dejado de seguir"*.

Si, buena herramienta para monitorizar, eso sí:

? ¿Sabes quién registra tu usuario y contraseña?

? ¿Sabes si esos datos se comparten con terceros?

? ¿Sabes si tu usuario de twitter se queda grabado en algún tipo de lista?

Puede ser que, por una de esas casualidades de la vida juntada con una carambola, nos encontremos al cargo de una tarea de la cual desconocemos sus fundamentos técnicos. Entonces, con toda nuestra buena voluntad preguntamos, queremos conocer, indagar, investigar... pero bien por falta de tiempo, de recursos, de tiempo o de tiempo, no podemos conocer a fondo todos y cada uno de los puntos, por lo que acabamos diciendo:

- *Buenos días, estoy al cargo de este proyecto, que como bien sabéis se encarga de mantener los servidores de la empresa y mejorar el rendimiento de ciertas aplicaciones. ¿Cuándo debo de preocuparme de que algo va mal?"*

A lo que el ingeniero que ha parido el código del programa de seguridad y a algunos de los servidores dice:

- *Pues cuando la demanda de peticiones entrantes aumenta en más de un 20% en menos de una hora, los servidores que se encargan de la intranet podrían saturarse y dar un bloqueo en el servidor central, cerrando la escritura en base de datos."*

A lo que, con una voz a mitad de camino entre lo cómico y lo trágico decimos:

- *A ver, creo que no me he explicado bien: ¿Cuándo debo de preocuparme de que algo va mal?*
- *¿Ve esa lucecita roja en el panel de su escritorio? Si parpadea significa 'FUEGO'. Si parpadea muy rápido significa 'TSUNAMI'.*
- *Gracias* ☺

Es curioso como mucha gente que dirige proyectos de desarrollo informático o de sistemas de seguridad, están más familiarizados con terminología de desastres naturales que con los del área de su propio proyecto.

¿Consecuencias? Un desconocimiento de la gran parte de los fundamentos de un proyecto o de una aplicación pueden pasarte factura; no a corto pero si a medio y sobre todo a largo plazo. En el anterior caso, si no se conocen las dificultades, no se valoran; si no se valoran, el ingeniero se siente menospreciado porque sólo sirve para avisar de que una luz parpadea; un equipo descontento tiende a trabajar sin pasión, a bajar el rendimiento y a sentirse devaluado. Nadie querrá tener a 5 de los mejores informáticos del mercado (que están costando un buen dinero a la compañía) descontentos y desmotivados.

Como podemos ver, esto va mucho más allá de un simple caso de 'pereza'. Sus consecuencias pueden filtrarse por rendijas sociales que ni siquiera sabíamos que podrían existir. Así que mucho cuidadín con las aplicaciones 'botón rojo' de las cuales simplemente vemos una pantalla con muchos efectos o animaciones, pero de las cuales no tenemos mucha idea de cómo cocinan la información.

ECONOMÍA DE PUCHERO

Downshifting Digital

El término 'downshifting' se asocia con un movimiento en el que se intenta vivir diferente, adaptando los recursos a la vida y no al revés. Respeto por la naturaleza, sostenibilidad, reciclaje, decrecimiento o autoconsumo son algunas palabras que siempre se asocian al 'downshifting'.

Digitalmente, si nos lo proponemos, también podemos hacer 'downshifting'. Recuerdo que en mis años de universidad había una 'fiebre' por bajar manuales, libros, documentación y pruebas de otros años cuando nos preparábamos para los exámenes… de lo cual aprovechabas como mucho un 10%. El resultado… que acumulabas un 90% de 'basura' que rara vez volvías a consultar. Esa información gastaba espacio en disco, ese espacio en disco gastaba CDs, y esos CDs espacio en la estantería no pudiendo poner otras cosas de mayor importancia.

Descargar lo necesario, tener criterio para saber aprovecharlo, compartir y reciclar apuntes de otros años… eso es lo que debería haber hecho pero, en vez de eso tengo aún manuales de cosas completamente desfasadas en la estantería de mi izquierda ;)

Capítulo 13

Los desarrolladores son los nuevos chefs

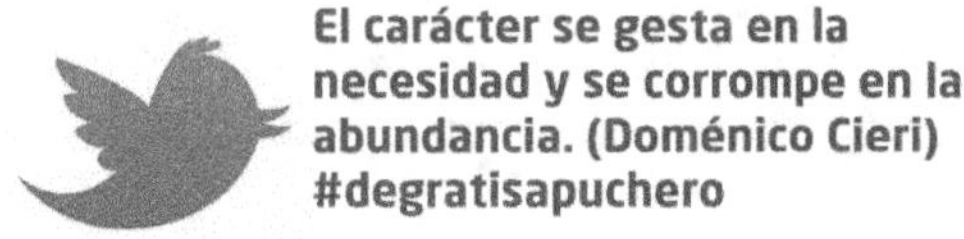

Freír y comer. Eso se piensa en muchos proyectos… cojo la materia prima, la cocino y para adentro. El problema será el poder encontrar más materia prima para volver a repetir la operación. ¿Y quién cocina? Pues aquellos que saben cómo hacerlo. En el ámbito tecnológico, los 'chefs' son los programadores, los desarrolladores… porque pueden ir dando forma a un proyecto informático de principio a fin, de igual manera que un chef lo hace con un plato, desde su preparación hasta su presentación al cliente.

Si hubiera un apocalipsis zombi y, por ejemplo, te quedas encerrado en la cocina de un hotel, con la despensa, fogones y cámaras frigoríficas a tu disposición… ¿Sería una buena o una mala opción? Pues si eres un cocinero… es muy buena opción, puesto que al menos sabes que tienes provisiones para un buen rato y puedes ir cocinándolas conforme tengas hambre o lo necesites.

Pero… ¿Y si eres como yo que para hacer una tortilla de queso ensucias hasta el dormitorio? Pues lo llevas mal… porque aunque tengas muchos recursos a tu disposición no vas a saber cómo sacarle provecho, incluso si lo intentas… puede que destruyas más que construyas.

Pues algo así está pasando hoy en día… un desarrollador o un equipo de personas con una base tecnológica robusta puede sacarle bastante rendimiento a una situación en la que no se hacen grandes inversiones en tecnología, ya que no es necesario hacer suites de Business Intelligence cada vez… de vez en cuando también puedes programar una sencilla base de datos o un par de portales de publicidad… y por lo menos esa semana si que comes de caliente.

¿Dónde está el truco? En la formación, en la base, en el conocimiento…

¿Sólo al alcance de la gente con base tecnológica? En absoluto… a cualquiera que tenga el espíritu de crear, de innovar… al que sea capaz de detectar una necesidad y saber identificar una posible solución. Lo que pasa es que últimamente parece que si se ha de pegar un pelotazo y hacerse rico de la noche a la mañana ha de ser con una red social o mostrando (en modo amateur) lo bien que cantas en un canal de vídeos.

Lo que mucha gente no sabe, es que hay más cocineros que se han quedado a las puertas de las grandes cocinas que dentro de ellas. Aún así, no hay motivo para dejar de intentar crear. ¿No tienes trabajo? Créatelo... desarrolla competencias, genera una marca personal basada en tus valores.

¿Has de ensuciar hasta el cesto donde duerme el gato para batir unos huevos? Quizás lo perfecciones con el tiempo y gastes el tiempo más en cocinar y menos en limpiar... lo importante realmente es que ese día puedas comer. **Los únicos que no se van a quedar atrás son los que estén tirando del carro.**

Capítulo 14

El emprendedor es el nuevo jefe de sala

A cada día le bastan sus temores, así que no hay por qué anticipar los de mañana. (Charles Péguy) #degratisapuchero

Y cuando los zombis descubren dónde estás y van a por ti... ¿Qué haces? Pues sales con tu mejor cara y les dices

"-Por favor, se me van sentando en las mesas ordenadamente y ahora les cocino algo. Si me comen a mí, tendrán que buscar a otro vivo y volver a pelearse por algo de carne entre todos... de otro modo, conmigo vivo, podré cocinarles un plato a cada uno, así ustedes quedan saciados y yo sigo viviendo (que teniendo a una horda de zombis delante... no está nada mal)".

¿Y quién dirige todo esto? ¿Quién se encarga de coordinar? ¿Quién tiene las narices de salir ahí fuera y decir *"Venga, los que quieran café que levanten la mano"*? Pues alguien que sabe que se está jugando la reputación (y en parte la vida), que no tiene mucho margen de error y que sabe que sus actos buenos le beneficiarán y sus actos malos serán castigados en el acto.

Resumiendo: Un emprendedor.

Un blogger es un emprendedor, un podcaster, un videocaster, alguien que se lanza al abismo de la autopublicación literaria o el que tiene una idea que puede paliar una necesidad y se decide a hacerla y compartirla con la comunidad. Todos esos son perfiles de emprendedor.

Capítulo 15

El freelance es el nuevo Maître

Con el dinero sucede lo mismo que con el papel higiénico: Cuando se necesita, se necesita urgente. (Upton Sinclair) #degratisapuchero

Según nuestro diccionario 2.0 de referencia en estos días (la Wikipedia), 'Maître' se define como:

"Es un camarero en los restaurantes u hoteles responsable de planificar, organizar, desarrollar, controlar y gestionar las actividades que se realizan en la prestación del servicio, tanto en la comida como en las bebidas, coordinando y supervisando los distintos recursos que intervienen en el departamento para conseguir el máximo nivel de calidad."

Si hacemos la analogía con un freelance, creo que poco más hay que añadir a la definición, si bien me gustaría añadir una cualidad que debería estar innata en todos nosotros:

"(...) debe ser además capaz de detectar una necesidad y basándose en su visión del sistema y

Está claro que si te haces freelance, es para explotar alguna de tus cualidades (basadas en tu formación o no) y poder así exprimir al máximo tu potencial. Obviamente, si además utilizas ese conocimiento para 'parchear' necesidades, te haces casi imprescindible. Pero si encima de todo esto eres capaz de detectar esas carencias, de vislumbrarlas en el horizonte antes de que se conviertan en un plato donde todos quieren meter el tenedor, entonces eres de esas pocas personas que puede cambiar en algo la sociedad. Así, sin más.

Basándome en el caso empresarial español: desde que entré en el mundo laboral (multinacional, pequeña empresa y ahora freelance) he visto una serie de comportamientos, conceptos y patrones que no benefician en nada al 'espíritu' que se debería de tener en el trabajo:

- Si digo 'VACACIONES', la gente lo asocia con placer, con felicidad, con sosiego...
- Si digo 'Lunes por la mañana en la oficina' la gente lo asocia a madrugón, a principio de semana, a sueño, a café.

¿Por qué hacemos instintivamente esta asociación de ideas?

➢ Vacaciones / No hacer nada / Felicidad

… en vez de esta?

➢ Trabajo / Hastío / Prisión

Una vez escuché una frase que decía que si trabajas en tu pasión, no volverás a trabajar en la vida; por contra, si estás trabajando en algo que no te deja disfrutar de la vida (familia, amigos, ocio, desarrollo personal...) lo lógico es cambiar, bien de trabajo, de empresa o de departamento.

Obviamente, es muy fácil decirlo (y más con la que está cayendo) pero, en cualquier aspecto de nuestra vida si algo de lo que hacemos nos perjudica 'solemos' dejar de hacerlo, si algo nos está dañando 'solemos' alejarnos de ello... lo mismo en el trabajo.

No hay que ser tan drásticos siempre como para presentar la carta de dimisión a la hora del almuerzo... pero muchas veces, con un simple cambio de planta, departamento o puesto... se solucionan muchos problemas que nos impiden disfrutar de nuestro trabajo.

Disfrutar de nuestro trabajo... si, como suena.

Capítulo 16

Clases de cocina para no iniciados

¿Qué hago si tengo hambre, pero no se cocinar? Lo lógico es salir a cazar un mamut o lo que se ponga a tiro, pero, en cualquier caso siempre podemos tomar clases de cocina ¿No?

Y hoy en día las academias de cocina digital no están en grandes ciudades, no cuestan una pasta y no son elitistas puesto que podemos acceder a su información desde nuestra propia casa.

Es más, podemos acceder a un repositorio de recetas casi infinito y, a diferencia de lo que podría pasar en una academia, podemos aprender únicamente lo que queremos aprender sin tener que quedarnos a todo el curso. Si yo quiero aprender a hacer un huevo frito ¿Por qué he de aprender a utilizar el soplete sobre el foie?

Con esto me refiero a que una de las ventajas que nos brinda internet es que el concepto de 'comunidad' ha dado como resultado que el conocimiento se ha compartido de tal manera que, aunque parezca un tópico, podemos encontrar casi cualquier cosa en la red.

Podemos obtener tutoriales o referencias para aprender a programar o realizar una tarea muy concreta, sin tener que tragarnos el 80% de fundamentos que suelen tener todos los cursos.

Por ejemplo, si quiero hacerme un blog para colgar mis historias... quiero saber exactamente que necesito y como he de proceder para hacer eso... no me sirve que me incluyan la historia de los blogs, quien hizo el primero, cuanto tipos diferentes hay y que plataforma es más famosa en cada país... quiero hacer un blog y punto.

Una de las desventajas de la formación 'offline' mal entendida, es promocionar un curso de algo que parece muy concreto y que después resulta que el 80% es fundamentos, casos similares, teoría e historia y sólo un 20% tiene contenido práctico (del que quizás sólo nos interese un 1%).

Por descontado que esos cursos SIEMPRE los da un experto gurú en el tema. Humo, humo y espejos.

De ahí que se valore tanto cuando una web o blog pone a disposición pública contenido práctico de cómo realizar alguna tarea. ¿Por el precio, porque es gratis? En absoluto por lo conciso y por lo concreto del tema.

Porque hoy en día la web está llena de video-tutoriales, audio-tutoriales, manuales 'para tontos' y si realmente damos con uno de estos que nos sirve para nuestro propósito, no creo que nos echemos atrás porque hay que pagar algo.

Si el contenido merece la pena y nos va a solucionar una necesidad que tenemos, creo que es del todo legítimo pagarle al autor que también hay que reconocer que alguien habrá creado, gestionado y ordenado ese contenido para que nosotros dispongamos de él.

Videojuegos como modelo de puchero

Si ha habido un sector en el que se ha intentado ir al mismo ritmo que los gustos, caprichos y criterios del consumidor (e incluso a veces, se han intentado adelantar) ese ha sido el sector de los videojuegos.

Se ha cambiado desde pequeños juegos que 'viciaban mucho' a mega producciones dignas de Hollywood, de juegos a los que podías jugar una y otra vez y que cada una de esas veces era distinta a (como tenemos hoy en día cada vez más) micro aplicaciones modulares en las que sólo avanzas si compras el siguiente nivel o alcanzas una serie de meritos predefinidos o si sigues una serie de pasos concretos (de los que no te puedes salir) convirtiéndonos sin darnos cuenta, en los SIMS 'offline' de las compañías de videojuegos.

Hemos pasado de jugar sentados en el ordenador a jugar en el salón y de ahí a estar por la calle jugando o a meternos en la cama o en el baño con el juego detrás. Nos lo hemos llevado del ámbito público al privado y eso ha repercutido en nuestros hábitos, cosa que las productoras de videojuegos han sabido aprovechar para darnos juegos cada vez más pequeños en tiempo

Capítulo 17

Lineales

1992, entre acto y acto de la gala de apertura de los Juegos Olímpicos, aún recuerdo a mi madre diciéndome:

"– ¡¡Como te vuelva a ver enfadarte con la videoconsola te quito el juego!! Sólo es una máquina ¿Cómo puedes enfadarte por no ganarle? Sigue intentándolo hasta que llegues al final de la pantalla y pases al siguiente nivel es cuestión de tiempo."

Y ahí estaba yo, ofuscado como pocas veces porque no podía pasarme el nivel del agua en el Sonic. Y mi madre lo veía así de simple, cuando para mi estaba rozando ya el nivel del trauma. La cosa era simple: comenzabas con tres vidas, empezabas en el punto A y tenías que llegar al punto B. Entonces pasabas al nivel siguiente, en el que tenías que ir nuevamente desde A hasta B y así, de principio a fin.

Las tramas de aquel tipo de videojuegos de plataformas a principios de los 90 no eran muy enrevesadas... o había que liberar a unos animales que había raptado un cyborg especulador constructor de zeppelines o había que liberar a una princesa de las manos de un ser medio tortuga medio dinosaurio con cresta de pelo rojo. Como he dicho, nada enrevesado ;)

Había retos, como recoger cierto número de anillos o monedas para obtener una vida extra, conseguir un mayor número de puntos y poder poner tu nombre en el TOP-10 del juego o tratar de encontrar los huevos de pascua, despistes o 'trucos' escondidos por los desarrolladores.

Cuando se acababa el videojuego, se acababa la historia; entonces empezabas a jugar con vistas a la excelencia: A ver si cojo todos los anillos de la pantalla, a ver si me lo paso sin que me maten, a ver si me lo paso en el menor tiempo posible, pero la historia, los personajes, el fondo, la música... nada cambiaba.

¿Divertidos? Mucho. ¿Adictivos? En cantidades perjudiciales para la salud (al menos para la de mis ojos). Había que pensar 'poco' (y razonar menos todavía) pero tenías que ser hábil con aquel trasto y tu nivel psicomotriz se disparaba cuando con la mano derecha controlabas 3 botones y con la izquierda un pad de 8 direcciones en vez del joystick 'de toda la vida'. Eso sí, visto uno... vistos todos, por lo que económicamente las secuelas no siempre tenían la aceptación en ventas esperada.

Después llegó el Tetris y ahí no había punto A ni punto B, habían niveles de dificultad (fácil, medio, difícil, muy difícil y "#elhorror"). Curiosamente, el tipo de juego a mitad de camino entre lo 'pierdetiempos' y educativo [6]

Como colofón, un concepto el cual es bastante simple, sencillo y que salta a la vista pero que yo no hubiera sabido plasmar mejor, y es que el Tetris enseña una valiosa lección en la vida: **"Los errores se acumulan y los logros desaparecen"**. Sinceramente, no sé de quién es la frase, pero a él o ella el Tetris si que le abrió la mente.

---

[6] Recientes estudios han demostrado que los niños que juegan al menos 30 minutos diarios durante 3 meses, desarrollan un córtex más grueso en el cerebro (El córtex es el área que procesa la coordinación y la información visual).

Capítulo 18

Espirales

Nacen como 'evolución' de los videojuegos lineales. Son esas primeras aventuras gráficas, como Monkey Island o The day of the Tentacle... en las que tenías un cierto grado de 'elección' (o más bien, la sensación de elección... como en política) y podías ir adelante, explorar líneas argumentales laterales, volver al principio... y el guión general del videojuego estaba un poquitín más elaborado que el del cyborg roba-conejos.

¿Eran buenos? Eran muy buenos... algunas veces desquiciantes, otras absurdamente simples (recuerdo niveles en las que sólo tenías que caminar de una puerta a otra para pasarte la pantalla), pero en general te obligaban a tener una atención al detalle que no se te requería antaño. Era una proyección de los juegos de rol de tablero, pero con diálogos integrados en pantalla.

Aquí se rentabilizaba mucho más el dinero; hasta que volvías a ver la luz del sol y decías 'Me lo he pasado' no habían pasado dos tardes, sino algunas más.

El modelo de videojuego como negocio a extender en el tiempo se iba afianzando, y en vez de sacar segundas partes con más de lo mismo... hacían secuelas o precuelas al hilo del argumento del videojuego central, porque más allá de los gráficos en pañales o la jugabilidad, ahora enganchaba mucho la historia, así que ese sería el anzuelo para las próximas entregas.

Capítulo 19

Modulares

Con 'modulares' me refiero a ese tipo de videojuegos (o aplicaciones, el caso es el mismo) en el que tú compras el paquete básico, que es jugable, está chulo, no te entusiasma una barbaridad, pero crea cierta adicción. Entonces lo que tienes que comprar son módulos extra para aumentar la jugabilidad, aunque no es obligatorio.

Esto es, puedes acabar, pasarte el juego y acabar ahí... no es necesario más, puedes intentar jugar, igual que en los lineales, a hacer record de puntos, retos personales, velocidad... pero poco más. Eso sí, la compañía de videojuegos sabe cómo tratarte... si te gusta el juego básico, TE ENCANTARÁ el juego básico ampliado, y ahí es donde entran los módulos, packs, expansiones o como quieran llamarlos. Anzuelos, para los amigos.

Mi juego de estrategia favorito de siempre ha sido el Age of Empires II, en el que tienes una infinidad de posibilidades de juego. Pero… ¡Ahg! El día que empezaron a sacar expansiones la cosa cambió. *"-¡Oh! ¡¡Una expansión con tropas asiáticas y americanas!! ¡¡Y yo batallando contra los Celtas y los persas toda la vida!! Mi vida no tiene sentido"*. Y claro, cuando puedes 'expandir' un juego, el básico se queda como 'pequeño'.

Esto hoy en día ya no funciona así... las compañías han sabido leer perfectamente el sistema y ahora aunque el videojuego sea lineal han logrado reconvertirlo a modular mediante la 'compra' de los diferentes niveles.

"-Gracias por completar el nivel gratuito del juego. Has obtenido una puntuación digna del top-10... quizás te interese comprar el siguiente nivel por 1,20€".

"-Has construido una ciudad preciosa, pero no te quedan terrenos libres. Si quieres expandir tus territorios, puedes comprar áreas libres por 0,40€"

A pasar por caja si quieres jugar.

Económicamente defenderé siempre que no es un trauma pagar 1.20€, es más... si compras todos los niveles quizás te gastes 15€, que es un precio 'relativamente bajo' para un videojuego que te puede tener enganchado un buen tiempo... eso sí, lo que no defiendo es el modelo, puesto que visto desde el punto de vista del puchero... el negocio sólo lo hace una parte, mientras que la otra supedita el jugar a un concepto económico, cuando debería ser por motivos del propio juego.

Es decir: Si decido parar de jugar es porque el juego ha dejado de atraerme, por los gráficos o porque directamente no me interesa… pero no porque no tenga dinero para gastar.

Aún así, los videojuegos modulares ofrecen una combinación muy amplia de maneras de jugar. Quizás con una pequeña inversión podamos haber reconvertido aquel juego lineal en un videojuego espiral con infinidad de modos de juego… y que si medimos el coste total entre el tiempo jugado (o potencial), nos da unas cifras que nunca obtendríamos con el original o de los otros dos modelos anteriores.

Capítulo 20

Mutantes

Mis preferidos ;) Esos videojuegos que te compras y que si bien no tienen combinaciones o posibilidades de juego infinitas... tienen las justas para satisfacer tus apetitos 'gamer'.

El ejemplo típico es un videojuego de fútbol; podría decirse que si has jugado un partido... ya has exprimido el juego al máximo... porque de eso va el resto, de seguir jugando partidos.

Pero de un tiempo a esta parte, han dejado de perfeccionar la parte gráfica (aunque esté en constante evolución, no quiere decir exactamente que se esté perfeccionando) para incidir sobre la parte de las bases de datos: Fichajes, datos históricos, tipos de campeonato, dirección económica del club, poder sobre el tipo de estrategia, personalización... ¿Y qué se consigue con esto?

Que el que se compra el juego porque le gusta el fútbol... tiene absolutamente todo a su disposición. Y entonces, mágicamente, jugar el partido (que no lo olvidemos, es el núcleo del juego) pasa a un segundo o tercer plano.

Poder configurar una liga con los equipos que tu quieres, poder replicar la fase de grupos de la última Eurocopa, tener la posibilidad de interceder con tu criterio en ciertos fichajes paralelamente a tu equipo de fútbol 'real'... eso hace que estés enganchado porque 'nunca' acabas de ver el final del juego, siempre puedes meterle tú una modificación concreta que hace que de repente aparezca un nuevo escenario que no se contemplaba inicialmente.

Eso sí... las distribuidoras de estos juegos no son excesivamente tontas... y saben que si bien ellas no venden 'módulos' para comprar y hacer que te sientas medio estafado, el mundo real lo hará por ellas. ¿Por qué? Pues porque al año siguiente todo cambia. Cambian fichajes, cambian vestuarios, cambian entrenadores y con un poco de mala suerte... cambia algo del reglamento.

Alejándonos de los juegos deportivos, me gustaría destacar juegos en los que intervenía de forma directa el tema genético y que se llamaron 'mutantes' con todas las de la ley: Evolva y Spore.

El Evolva fue de finales de los 90 y consistía en que tenías a un 'bicho' (no se me ocurre mejor descripción) y cada cierto tiempo, tenías que decidir qué tipo de mutación querías que tuviera (extremidades, piel, visión...) por lo que, si bien no dejaba de ser un videojuego bastante lineal... cada punto de 'mutación' abría una línea nueva, obteniendo así varios juegos dentro de uno mismo.

El Evolva estaba orientado a la lucha entre bichos... y tenía una base científica excesiva. Coincidió que esos días yo estaba muy metido en estudios de genética y reconozco que me sirvió bastante para entender ciertas cosas del juego y que seguro que no 'cuajó' entre el gran público debido a eso. Y de ahí que naciera casi 10 años después Spore, con una línea argumental calcada a Evolva, pero con menos atención a la base científica y más énfasis a tratar las mutaciones del 'bicho' como gadgets coleccionables de los SIMS.

Por dejarlo claro... en Evolva tú decidías si querías que tuviera cuernos y aletas... mientras que en Spore decidías el color que iban a tener esos cuernos y su textura.

Hacia un modelo socio-colaborativo

'- De esta no nos va a sacar nadie.'

'- Nunca hemos estado peor.'

'- Que mal pinta esto, como no hagan algo los de arriba... nos ahogamos.'

'- Los de arriba siempre viven mejor y nosotros siempre peor. Esto ya no hay quien lo salve.'

No son frases de grandes dirigentes ni de famosos intelectuales... son frases que escucho tomándome el café o comprando por las tiendas de mi calle. Eso, en mi opinión, es la verdadera 'conciencia global', el sentir de los glóbulos rojos de esta sociedad: Las personas.

Seguro que la obra 'Los Miserables' de Victor Hugo hubiese sido distinta si tras la barricada el pueblo se hubiera podido organizar con herramientas colaborativas y sincronizar con aplicaciones de grupo ¿No? ;)

Y quizás sea muy cierto que nadie nos va a sacar de una mala situación, sólo nosotros entre nosotros… y diría más, entre nosotros. Parece que cuando van bien las cosas, vamos por libre y cuando van mal nos necesitamos ¿No?

La tecnología está de nuestra parte: Hay infinidad de herramientas hoy en día para trabajar en proyectos de forma remota y varias personas a la vez, para comunicarnos y para expresarnos. El modelo tiene que ser colaborativo y la forma de avanzar tiene que estar ligada a compartir… sólo así saldremos adelante todos.

Capítulo 21

De indefinido a autónomo casero

Siguiendo con el concepto de downshifting, otra de las cosas que se suelen hacer es reducir una marcha en el ritmo de vida cambiar la gran compañía por la compañía de los tuyos y el gran sueldo para tener unos ingresos adaptados a tu ritmo de vida (y no al revés).

Esto puede hacerse voluntariamente o forzosamente, cuando te despiden. Si no tienes trabajo y las ofertas brillan por su ausencia, entonces habrá que crearlo. Confiar en nuestras capacidades, habilidades, competencias y formación para ponerlo todo a nuestro servicio, reduciendo gastos de donde se pueda (he ahí la clave para un buen comienzo) y empezar a ser un 'autónomo casero'.

Al estar en casa, están su hábitat, en su entorno natural, en su santuario donde pueden meditar y concentrarse plenamente en su trabajo gracias al gato que va por casa, a la comida que hay que hacer, al *'ahora voy y pico algo'*, a los peces en el acuario o al *'me voy al banco y a ver si vuelvo vivo'*.

Por otro lado, lejos de meter papeles, facturas y documentación en cajones o archivadores como haría en una oficina al *autónomo casero* le gusta que los papeles gocen de la misma libertad que él, que campen silvestres por el escritorio, estantería, mesas, mesitas, mesillas, sillas y, a un nivel inferior en el suelo ya directamente.

Suelen estar dedicados a un tipo de negocio multidisciplinar y este es el de consultor (concepto difuso, híbrido entre ejecutivo y jornalero de la vendimia). Esto es, que pueden desempeñar varias funciones pero por lo general **sólo** desempeñan los roles de: Administrador, gestor, telefonista, becario, jefe, community manager, programador, cocinero, personal de limpieza, marketing y DJ. Así por encima.

Tienen el convencimiento de que esa forma de vivir les va a reportar mayor satisfacción, tanto a nivel profesional como personal y que pueden reducir muchos gastos asociados a su anterior ritmo y esto les permite ganar calidad de vida y paz interior. Aún así, Dios en su infinita bondad les dotó de unos días al año en los cuales son un poco más vulnerables, concretamente al final de cada trimestre, hay que evitar acercarse y preguntarles con voz guasona:

"-¡Hombreeee! ¡El que trabaja en casa! ¿Estarás jugando la PlayStation y viendo la tele todo el día eh? ¿Qué tal ha ido el trimestre? ¿Facturas mucho? ¿Ganas más que en la multinacional aquella de generación de humo en la que trabajabas de carbonero?".

Sí, frases como esa hay que evitarlas en la medida de lo posible siempre... pero mucho mucho más, al final del tercer trimestre (julio-agosto-septiembre), a lo que, tras 3 años de observación de esta especie, me permito la libertad de llamarlo **TRISTEMESTRE**.

En cualquier caso, el *autónomo casero* es un ser sociable, que pese a que parezca estar marginado y mal visto por la sociedad como un ermitaño en su cueva, está a la última de todo y tiene una capacidad de autoformación, autocrítica y autoflagelación casi sobrehumana, amén de desarrollar un amor y un aprecio especial cuando ven aparecer a su compañero/a sentimental por la puerta de casa, al que reciben muchas veces al grito de:

"- ¿Qué noticias traes de Narnia? ¿Sol? ¿Brisa?".

También es cierto que las parejas de los *autónomos caseros* darían para otro caso de estudio, porque al tener los biorritmos y ciclos de luz cambiados, cuando el autónomo casero le dice:

"-¡Venga! ¡Vámonos afuera! ¡Disfrutemos de esta soleada tarde otoñal y salgamos a cabalgar sobre el arcoíris y gozar de la naturaleza!"

La pareja suele llegar de estar todo el día por fuera, recorriendo la comarca cual hobbit y llega a casa con un cartel de **"Do not disturb"** y con una curiosa tendencia a orbitar en torno al sofá mientras desconecta.

Bromas aparte, es una forma de tomarse la frase 'Si no tengo trabajo, pues me lo creo'. **Podemos desconfiar del entorno**, criticar a los dirigentes sea la época que sea y opinar que la coyuntura económica nunca es favorable... **pero no podemos dejar de confiar en nosotros y nuestras capacidades**.

Hay que tener en cuenta que <u>nunca va a ser el mejor momento para casi nada</u>, y más en los tiempos que corren. Por defecto tenemos miedo al cambio, pero por otro lado sabemos que si no intentamos sobrepasar nuestros límites, nunca vamos a saber dónde estaban.

Capítulo 22

Tú sí que vales... para lo que sirves

Muchas veces (y yo el primero) intentamos rentabilizar al máximo un objeto, bien por necesidad (porque no tenemos más recursos y tenemos que 'apañarnos con lo que hay') y otras por comodidad o incluso desconocimiento.

Personalmente, no es la primera vez que veo que no puedo realizar una tarea determinada en un tablet nuevo nuevísimo (y caro carísimo), lo que me produce una sensación de *'¡¡Uagh!! ¿¿Y tanta pasta para que no pueda?? ¡¡Menuda chufla!!'* (nota para el lector: el término *'chufla'* es un eufemismo ya que no se si estará leyendo esto en horario infantil), pero me paré a pensar un poco el **por qué** no podía hacer lo que quería y más allá de las funcionalidades, prestaciones y demás, me di cuenta de una serie de cosas que, a partir de ahora y si quiero rentabilizar mejor los gadgets, aparatos y programas que tengo, voy a tener que tatuarme a fuego para no volver a perder el norte y el sentido de lo que estoy manejando.

Aunque las grandes empresas que nos proporcionan tecnología (en forma de hardware o software) se empeñen en hacer productos multifunción siempre hay un aparato o programa que está indicado para UNA cosa en concreto y es para la que se debería usar, puesto que así rentabilizaríamos mejor temas de rendimiento, batería, consumo, contaminación en algunos casos:

- **Un teléfono móvil no es un tablet.** (Aunque ambos tengan el mismo SO)
  - *Por pantalla, por resolución, por batería…*
- **Un tablet no es un ordenador portátil.** (Aunque se esté muy cómodo en la cama)
  - *Por velocidad, por sistema operativo, por batería…*
- **Un ordenador portátil no es una televisión.** (Aunque intentemos ponerle receptor IR o ver la TV o pelis en él)
  - *Por dimensiones, por calidad, por mando a distancia…*
- **Una televisión no es un ordenador de sobremesa.** (Aunque tenga conexión de red, disco duro y acceso a internet)
  - *Por velocidad, por hardware, por limitación de almacenamiento…*

- **Un ordenador de sobremesa no es una videoconsola de salón.** (Aunque haya más botones en el teclado que en el mando)
  - *Por optimización gráfica, por rendimiento 3D, por gestión de procesos...*
- **Una videoconsola de salón no es una videoconsola portátil.** (Aunque sea pequeña y se pueda transportar fácilmente)
  - *Por tamaño, por cableado, por fuente de alimentación*
- **Una videoconsola portátil no es un reproductor multimedia.** (Aunque existan cartuchos megamultifunción para todo)
  - *Por almacenamiento, por sistema de sonido, por sistema de video...*
- **Un reproductor multimedia** (al fin) **no es un teléfono móvil.** (Aunque quieras llamar, escuchar música y ver un video a la vez)
  - *Por batería, por superficie de antena, por procesador...*

Gráficamente, esta serie de conceptos se puede resumir en algo así:

Capítulo 23

CoWorking, Crowfunding,

Networking y Groundswell

Nos encanta (y a mí el primero) adoptar, adaptar, usar palabras y tecnicismos de otros idiomas para expresar ideas que son perfectamente explicables en el idioma de uno mismo. Queda como más elegante, más técnico, más de listo… resumiendo: Más de humo.

El caso es que en mi opinión, hay cuatro términos que si que deberíamos de conocer y poner en práctica para saber desenvolvernos mejor a la hora de afrontar 'lo que ha de venir'.

Hoy en día hemos de rentabilizar al máximo cada una de nuestras inversiones, comparar para obtener la mejor calidad/precio, saber dar el uso correcto a cada una de nuestras herramientas para que nuestro trabajo sea lo más productivo posible y como decía en la introducción del capítulo, pienso que con la tecnología que tenemos hoy en día lo lógico sería que se hiciera todo desde el punto de vista colaborativo, dejando fluir el conocimiento de unos a otros.

Hoy en día, nos hemos dado cuenta perfectamente de lo siguiente:

- En un sistema capitalista, si yo tengo 1, tú tienes 0 y yo te doy mi 1, yo pierdo y paso a tener 0 y tú 1.

- En la sociedad del conocimiento, hoy en día si yo te trasmito lo que sé el resultado siempre es positivo, puesto que tú ganas y yo no pierdo.

¿Y a qué términos me refiero?

- **Coworking**: Es una forma de trabajo que permite a profesionales independientes, emprendedores y pymes de diferentes sectores compartir un mismo espacio de trabajo, tanto físico como virtual, para desarrollar sus proyectos profesionales de manera independiente, a la vez que fomentan proyectos conjuntos. Permite compartir gastos fijos y comunes a todos, como la conexión a internet o el alquiler del espacio físico, aunque donde reside el verdadero valor es en el poder tener 'al lado' a profesionales de otros ámbitos y poder aprender habilidades unos de otros.

#DeTodaLaVida “Ey, nos juntamos todos y lo vemos con calma, así lo que no sepa uno lo sabe el otro”.

- **CrowdFunding**: Financiación en masa, también denominada financiación (microfinanciación) colectiva o micromecenazgo es la cooperación colectiva, llevada a cabo por personas que realizan una red de contactos para conseguir dinero u otros recursos. Se suelen utilizar las redes para financiar esfuerzos, proyectos e iniciativas de otras personas u organizaciones. Crowdfunding puede ser usado para muchos propósitos, desde artistas buscando apoyo de sus seguidores, campañas políticas, financiación del nacimiento de compañías o pequeños negocios.

  #DeTodaLaVida “Ey, préstame un poco de ayuda con esto y cuando funcione te lo devuelvo o te meto en el proyecto”.

- **Networking**: El arte de crear, mantener y saber explotar una buena red de contactos. Darse a conocer, presentarse honestamente expresando lo que puede o lo que no puede aportar por si les interesa a otros. Identificar los perfiles más interesantes para los proyectos propios y ayudar con ideas y acciones conjuntas al resto. Crear ‘comunidad’.

- **Groundswell**: Este concepto viene de un libro del mismo nombre, publicado por dos analistas de Forrester, y según ellos es un concepto que describe el cambio a nivel social a la hora de consumir productos provocado por las nuevas tecnologías y el uso dado por la sociedad para comunicarse entre sí y con las empresas de una forma fácil y (aquí viene una de las novedades) barata. Literalmente viene a ser traducido como 'remolino' o 'corriente', emulando a esa ola de **democratización social** que ha permitido que la comunicación entre empresa-clientes deje de ser vertical para que se 'horizontalice' entre los clientes, para que puedan consultar, comparar, pedir y ver otras experiencias de usuario antes de decidirse por comprar algo en concreto.

    #DeTodaLaVida "Ey, ¿A ti eso cuánto te ha costado? ¿Vale la pena? Quiero ver cómo responde antes de comprarlo, para estar seguro".

Capítulo 24

¿Puchero? Yo soy más de pizza

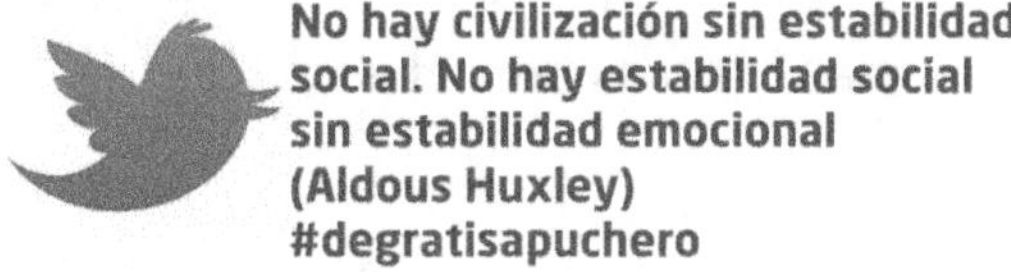

Puede ser que te guste más la pizza que un puchero. A mí personalmente, sí (siempre), pero yendo un poco más allá de las preferencias culinarias de uno mismo, la pizza es otra forma de puchero, aunque con un toque mucho más estiloso, todo hay que decirlo. No hay más que estar en un piso de estudiantes con una nevera llena de 'metralla' y restos de paquetes de jamón york, queso o atún sin acabar para saber que todo eso puede dar como resultado una noche de pizza 'personalizada'. Cada uno junta los elementos y aprovecha los recursos a su alcance de la manera que mejor sabe (o puede).

Podemos reaprovechar, reciclar, reordenar y reorganizar nuestras herramientas tantas veces como nos sea posible, igual que alargamos el caldo de puchero para varios días y usos, o una masa de pizza para hacer creppes, pizza o panninis.

Cada uno lo hará de una forma y en un momento determinado. No podemos cocinar y alimentarnos de pucheros siempre; esto es, no podemos estar a base de reciclajes y remiendos eternamente, pero si durante la época que así lo exija. Si todos quisiéramos puchero a la vez la mitad de los restaurantes se arruinaría, unos por falta de existencias y otros por falta de clientes.

Desde el punto de vista empresarial, además de nuestras competencias, depende de lo que el cliente quiere. Nuestra intuición, juicio y criterio nos dirá si hay que cocinar un puchero, si hay que sacar un caldo, si serán crepes o si el cliente disfrutará más con una pizza.

Pizzas y pucheros aparte, aunque no hayamos tenido una larga experiencia previa entre fogones… no hemos de pensar que 'no sabemos cocinar'. He repetido muchas veces en el libro la frase: *"Hemos de ser conscientes y confiar en nuestro criterio"*. Cuando hay hambre, se aprende a cocinar.

Sería de locos que nuestro primer intento de plato fuese una paella, pero al sándwich mixto llegamos todos ;)

Epílogo

Que seamos consumidores no quiere decir que tengamos que obedecer a las órdenes comerciales a la hora de comprar. De la misma forma, que queramos tomar nuestras propias decisiones, comparar y hacer las compras en base a nuestra opinión, no significa que tengamos que 'ahorrar por ahorrar' y no apostar por la calidad cuando realmente esta es necesaria. Hay una frase de mercadillo popular que resume bastante bien esta idea: **"En España somos ahorradores de pesetas y gastadores de duros."**

Todo esto, el libro, mis experiencias, las frases... en conjunto no quieren trasmitir un sentimiento de desconfianza ante mensajes publicitarios o tener que entrar a los centros comerciales con un casco de papel de plata en la cabeza para que nos lean el pensamiento, no. Esto va de saber auto-ayudarnos de nuestro criterio a la hora de tomar una decisión comercial. A veces la mejor opción puede ser optar por ayudarse de lo gratuito, de lo libre, para poder hacernos una idea del entorno, para aproximarnos a los requisitos reales que necesitamos o como un giro a la hora de abaratar costes; pero otras veces hemos de vencer ese 'miedo' o ese 'prejuicio' y saber gastarnos esos 2€ en un libro online que necesitamos en este momento y no pasarnos un par de días buscándolo por redes de descarga para obtenerlo de manera 'gratuita' (y quizás ilegal).

Lleva mucho tiempo formarse un criterio, unas opiniones y convicciones a las cuales ser fiel, respetar y saber aplicar a cada prueba que te encuentras en el camino. Sí, mucho tiempo, mucho más de lo que se tarda en leer un libro como este.

El tiempo es una de las pocas cosas que son realmente nuestras al 100% y somos nosotros los responsables de hacer con él lo que creamos necesario. A mucha gente le falta tiempo para hacer cosas, así que no creo a nadie le guste perderlo, por lo que si de alguna manera el leer estas páginas os puede ayudar a tomar decisiones más rápidamente o ahorrar tiempo de alguna manera (aunque sólo sea a uno de vosotros), ya habrá valido la pena ;)

Agradecimientos

Imposible de toda imposibilidad poder nombrar a todos y cada uno de los que me habéis ayudado de alguna manera a empezar y a seguir con este proyecto día a día, preguntándome y animándome a enriquecer el contenido. Pero, de alguna u otra manera, especialmente hoy esto está entre tus manos (o en tu memoria interna de un dispositivo) gracias a:

Jose Tortosa, por aconsejarme y preguntarme periódicamente por mis progresos.

Esteban Rodrigo, por darme un aviso de la mejor forma posible cuando más lo necesité.

Salvador Pastor, por servirme como modelo de conducta y darme su opinión sincera cuando se la pedí.

Los propietarios del Bibliocafé, los cuales nunca me dijeron nada por pedirme una tónica y pasarme toda la tarde escribiendo en su local ;)

Miguel López, que me echó una mano y me dio varios consejos a la hora de maquetar y publicar

Michele Iurillo por trasmitirme muchos de los conceptos que he intentado plasmar en estas páginas.

Ramón Martorell, que me revisó el contenido del primer manuscrito, apuntándome varias consideraciones importantes.

Mis padres y hermana, cuya ilusión en lo que hacía me motivaba más en seguir adelante en cada revisión.

Isabel Ferragud, que entre otras muchas cosas, soportó largas tardes de domingo en el salón en silencio con la música del teclado de fondo ;)

A todos, muchas gracias. Y especialmente a ti que lees esto ahora, por interesarte por mi obra y por llegar hasta la última página ;)

Estoy en...

@claudiogarcia82

/claudiogarcia82

claudiogarcia.es

clau@claudiogarcia.es